L'ESPRIT GUIDE

« Spiritualités vivantes »

FRANTZ WOERLY

L'ESPRIT GUIDE

ENTRETIENS AVEC
KARLFRIED DURCKHEIM

Albin Michel

Albin Michel
▪ *Spiritualités* ▪

Collection « Spiritualités vivantes » dirigée par Jean Mouttapa et Marc de Smedt

A Solange, Thomas et Donatienne
Au Père A. M. Besnard

C'est la vie et la mort que j'ai mises devant toi. Tu choisiras la vie.

Deutéronome, XXX-19.

Ces entretiens avec Karlfried Dürckheim ont eu lieu en février 1983, à Todtmoos-Rütte en Forêt-Noire (R.F.A.).

Plusieurs éléments issus de conférences et réunions tenues par K. Dürckheim ces dernières années, et complétant les thèmes abordés, ont été introduits dans le texte.

Préface

Karlfried Dürckheim raconte parfois l'anecdote suivante : Un docteur d'âge mûr, à l'emploi du temps surchargé, vivant, de rendez-vous en rendez-vous, au volant de sa voiture, lui dit : « Désormais, tous les jours je fais une minute de méditation pour vous. » Dürckheim le remercie et demande pourquoi. « A cause d'un petit exercice, répond le docteur, que vous m'avez indiqué la dernière fois que nous nous sommes vus. » L'exercice en question était le suivant : à chaque fois que le docteur se mettait au volant de sa voiture et tournait la clé de contact, il avait à arrêter un instant ce geste tout à fait banal et mécanique pour se poser la question : « Qui tourne la clé ? »

La répétition de cette interrogation à propos d'un geste machinal avait eu pour effet une prise de conscience, pour le docteur, des véritables raisons qui le faisaient agir et du niveau de conscience avec lequel il agissait.

*En effet, le médecin s'installant au volant est l'homme qui a réussi, qui est peut-être respecté de sa clientièle, bref l'homme social. Mais, à l'instant où il pose cette question : « Qui tourne la clé ? », cet homme social s'effrite. L'emprise qu'exerce la façade sur la personne intime « lâche prise » et laisse revenir cette dernière à la surface. Répéter à chaque fois que l'on tourne la clé cette question : « Qui ? », c'est un peu l'exercice mental que le philosophe Husserl appelait l'*Einklammerung, *la « mise entre parenthèses » du monde et de son fonctionnement*[1]. L'Einklammerung *équivaut au « pouce » de l'enfant au beau milieu de la partie pour faire une pause et remettre au point certaines règles du jeu.*

Tourner la clé de contact de sa voiture, en même temps que l'on se pose la question « qui ? » et répéter cet exercice jour après jour, cela a pour effet un déshabillage mental. Déshabillage d'un geste social, non pas inconscient, mais mécanique et qui concentre en lui-même, comme un geste symbolique, l'ensemble de notre comportement. Dans ce simple mouvement de la main réside la façon dont nous avons stratifié notre intériorité, comme la vérité du sous-sol qui se révèle dans une carotte de forage.

Mais peu importe l'exercice. La même expérience peut être réalisée en se rasant la matin ou selon la façon de boire la première gorgée d'un verre de vin. Ce qui importe c'est cette interrogation : « qui ? », dont la signification profonde est « qui gouverne ? », « qu'est-ce qui en moi me gouverne ? ». Comme dit le proverbe : « Qui t'a fait roi ? » L'Occident est très attentif aux problèmes de pouvoir, mais de pouvoir collectif. Mais peut-être serait-il utile de se pencher sur notre hiérarchie intérieure.

Pratiquer une rupture dans la mécanique des actes, donc favoriser une « reprise » de conscience, peut être une première étape pour se ménager un espace de vie à « vitesse limitée ». C'est-à-dire un espace ou un moment, au sein duquel je puis me demander si je suis « le rôle que je tiens actuellement », ou bien si je ne fais que l'assumer sur le plan social. Ou encore, si « j'occupe » une position particulière, ou bien si c'est elle qui « m'occupe » (au sens militaire du terme). On l'aura compris, c'est tout le problème de l'emprise, voire du vampirisme, de la vie extérieure sur la vie intérieure.

Qui parlera enfin de la dictature intérieure qu'exerce le bruit extérieur, quelle que soit sa forme (musique, informa-

tion...) ou de celle que représente l'activité incessante ? Lorsque l'homme parle tant de communication sous toutes ses formes et se donne le vertige des moyens modernes de communication, n'y a-t-il pas, en filigrane quelque part, un appel à la communication avec lui-même ? La communication avec autrui est un lien ; elle peut aussi être une fuite.

Et si, en fin de compte, toute cette activité, cette vitesse, ce tournoiement, projets, plaisirs, réussites, si tout ça n'était que prétexte, maquillage, camouflage ? En un mot : Maya, l'illusion. Illusion que l'on se crée à soi-même ?

L'homme sincère n'a pas peur de dire « pouce »de temps à autre pour se demander : « Qui est qui ? » et « qui fait quoi ? » Par cette question « qui ? », il a alors la possiblité de laisser l'enchaînement très strict des causes et des effets du monde extérieur se relâcher, desserrer son étreinte, le temps d'une respiration psychique intime. Et peut-être, alors, de retrouver la mystérieuse trace d'un univers comme englouti par la vie quotidienne, le poids des ans, l'éducation. Trace de ce que Dürckheim nomme le « Tout Autre ».

Cette expérience de la clé de contact est, en outre, significative de ce que l'on appelle couramment l'enseignement de K. Dürckheim. Enseignement qui vise à renouer le contact de l'individu avec le noyau essentiel qu'il « est », mais dont il a perdu la trace, voire le souvenir. Renouer, mais sans mettre de côté la condition d'être existentiel, c'est-à-dire d'individu né et destiné à mourir, ou d'« être-jeté-au-monde » pour rependre l'expression des philosophes existentialistes.

L'existence est donc la voie de l'Essence. Mais l'existence sans l'Essence n'est qu'une croûte. En ce sens l'existentialisme est une réduction du quotidien et lui donne figure de cul-de-sac. Et une solidarité humaniste prônée par un Camus n'est qu'un palliatif. On n'évite par l'absurde et l'angoisse dont elle est l'expression. Sisyphe peut continuer à faire rouler sa pierre à l'infini. Mais il est vraiment difficile d'être convaincu de sa réelle joie intérieure.

Le maître bouddhiste D. T. Suzuki, le mystique rhénan Maître Eckhart et le père de la psychologie de la profondeur C. G. Jung trouvent une grande place dans l'œuvre de K. Dürckheim, dans une alliance spirituelle de l'esprit traditionnel oriental et de la psychologie occidentale. Signe de cet héritage, K. Dürckheim est un auteur qui aime à s'exprimer en images, à mi-chemin entre le « koan zen »et la parabole évangélique.

Des ouvrages entiers pourraient être écrits sur les racines de cet enseignement, et ils le seront sûrement un jour. Mais ce qui nous intéresse dans ces pages est tout à fait concret : poser quelques balises simples, tirées de la vie quotidienne dont la clé de contact n'est qu'un symbole afin que tout un chacun, pour peu qu'il conserve en lui une« nostalgie » puisse se repérer, se situer entre l'exigence intérieure et celle de la vie extérieure. Il s'agit de trouver des jalons permettant de répondre à la question : « Qui est celui qui vit dans ma peau ? » C'est un point de départ possible sur la longue route vers la prise de conscience de la dimension intérieure, vers l'équilibre et vers la transcendance.

On retiendra également dans l'enseignement de K. Dürckheim sa chaleur humaine. Chaleur de l'homme, de ses paroles et de ses écrits. Sa vie depuis 1945 en Forêt-Noire, patrie des mystiques rhénans, n'est sûrement pas étrangère à cet aspect. La chaleur, c'est le baume, le massage pratiqué sur l'intimité de l'homme contemporain, écorchée par un monde brusque, incertain et trop rapide, crispée par un rythme de vie trop rationnel et sans tempo. La chaleur humaine chez K. Dürckheim, apporte la décontraction, la relaxation de l'être, préliminaire indispensable à toute recherche de soi-même.

Avec cette attention à « l'autre » en tant que « prochain », au sens évangélique originel, K. Dürckheim plus qu'enseigner une philosophie ou pratiquer la psychologie prêche pour la profondeur et pour rendre le goût du contact avec celle-ci. Socrate se disait « accoucheur des esprits », comme la sage-femme accouche les corps. Dürckheim soigne l'esprit, mais incarné dans un corps, c'est-à-dire l'individu dans sa totalité : l'esprit fait chair.

Enfin, ce respect de la personne libre et entière est le meilleur signe d'un enseignement vivant et par là même l'antidote contre le dogme qui, si d'un côté il participe à la consolidation de la conscience, comme le dit C. G.Jung[2], de l'autre, peut devenir une barrière à l'expression de l'Essence dans l'existence, voire un contresens monstrueux, où ce qui est dogmatique rejoint ce qui est sectaire.

En outre, le respect de l'intégrité de la personne exprimée dans le fait qu'elle peut vivre sa vérité est pour un enseignement spirituel ou pour une religion un critère de reconnaissance de son fondement et de sa vitalité. Côté spirituel, puisque l'homme a une double origine, existentielle et essentielle ; puisqu'il relève directement du « Tout Autre », il ne peut être réduit à un rôle d'objet, même religieux ; ni son comportement à une vertu d'obéissance temporelle, car les vrais religieux qui ont voué leur vie à l'Essentiel sont magnifiques dans l'Existence. C'est notamment par ce respect de l'être individuel que les religions montrent leur vieillesse et les sectes leur vrai visage.

Aussi pourra-t-on mettre en relief trois aspects de cette approche de la réalité spirituelle.

Premier point : chez K. Dürckheim, la spiritualité trouve une réalité psychologique. Il ne s'agit pas d'une abstraction située dans les ultimes sphères d'un intellect sophistiqué.

L'expérience spirituelle est quelque chose d'aussi tangible que de mettre sa main au feu. Quant à la « foi », elle n'est pas moins solide que notre « croyance » en la succession du jour et de la nuit. L'expérience prime.

Second point : Dürckheim insiste sur la double origine de l'homme, de ses doubles racines : l'Essentiel et l'Existentiel.

L'Essentiel, c'est l'Etre, la Réalité au-delà de la réalité directement perceptible par les sens. L'Existentiel, c'est ce cahot qu'est la vie quotidienne, dans laquelle nous sommes jetés, ballottés et écorchés, mais avec laquelle il faut faire et par laquelle existe l'occasion d'un développement intérieur. Cette double origine signifie qu'il n'y a pas « en soi » de séparation fondamentale entre la vie intérieure et la vie dans l'existence ; entre l'équilibre intérieur et être bien dans sa peau et dans l'existence.

Nous retrouvons ici le fameux principe ésotérique du haut Moyen Age : « Ce qui est en haut est comme ce qui est en bas » (omne superius sicut inferius). *Plus tard, au siècle de Descartes, Spinoza ne disait rien d'autre : « L'ordre et la connexion des idées est le même que l'ordre et la connexion des choses*[3]. *» Il est d'ailleurs possible que si la pensée occidentale avait « préféré » Spinoza au rationalisme cartésien comme phare de la raison, la face de notre société en eût été changée.*

En troisième lieu : le tout aboutit à rendre la parole à l'individu dans son Essence, donc par voie de conséquence dans son existence. A de nombreuses questions, la réponse de K. Dürckheim est : « Il faut vivre dans sa vérité » ou bien « la réponse est dans l'homme ». « Vivre dans sa vérité », n'est-ce pas rétablir pour soi-même une échelle des valeurs et un ordre des priorités en fonction de la découverte du « noyau » essentiel que l'on est, en dehors de tout cadre social, mode intellectuel ou pression familiale ? Poser l'interrogation « Où est ma vérité ? » en donnant le maximum de poids à chaque mot de cette question, c'est également un point de départ vers sa propre reconquête par rapport à l'emprise existentielle. Reconquête laissant le champ libre à la manifestation de l'Etre.

Dürckheim revient également souvent sur un principe de la tradition japonaise selon lequel « toute situation est la meilleure des occasions pour entrer en contact avec son Etre ». Un tel postulat relativise grandement les mille et un théorèmes sociologiques et psychologiques sur les « hasards et les nécessités » de l'existence. Les contingences au moment où elles s'imposent à nous n'ont pas tout dit. Elles sont la matière brute de la situation. C'est la façon dont nous abordons la situation qui en fait une occasion de développement de la maturité. C'est nous qui avons le dernier mot, face au sens et à la valeur que semble « détenir » l'événement, mais qu'en fait nous lui donnons. Et si cet événement n'a aucun sens, aucune valeur, s'il est insipide et que la vie quotidienne tout entière prend la teinte d'insignifiance, c'est encore une façon pour nous de lui donner cette valeur. Bref, si dans une situation donnée, nous ratons l'occasion, ça n'est pas nécessairement la faute de la situation.

La qualité de la résonance de la vie quotidienne sur la dimension intérieure vient du regard qui est porté sur cette vie et de la qualité de l'écoute qui lui est accordée. En retour, cette résonance renvoie dans l'existence une sonorité plus subtile, qui transcende le brouhaha du monde et se maintient au milieu de lui.

Considérer que « toute situation est la meilleure des occasions », c'est également se tourner vers les symboles traditionnels de l'arbre ou de la croix, par lesquels une voie de passage est réalisée entre le « ciel » et la « terre », entre l'Essentiel et l'Existentiel. C'est également le juste retour d'un trajet, dont le verset de saint Jean, « le Verbe s'est fait chair », exprime l'aller.

L'impuissance occidentale à donner une dimension inté-

rieure à la vie extérieure n'est pas étrangère à l'évolution philosophique et intellectuelle. Depuis Socrate et Aristote, l'esprit s'est attaché à distinguer, définir, démontrer, donc à classer, à trancher, à cloisonner. De l'autre côté, le geste a été réduit à n'être qu'une exécution. Assimilation péjorative qui l'a amputé de sa dimension intérieure et de son aspect initiatique. Il y aurait beaucoup à dire sur la grandeur et la décadence du geste en rééducation, dans l'artisanat ou à l'usine. Jacques Attali ne dit-il pas que la société a transformé l'ensemble des fonctions de l'homme, telles que manger, travailler, échanger, etc. en marchandises que l'on peut stocker ?

L'avènement de l'esprit scientifique, appuyé de solides preuves que sont les technologies, a mis hors circuit toute autre conception du monde, en tant que « non objective », voire irréelle. Plus globalement et paradoxalement, la science nous a envoûtés, opérant comme par magie du fait de son seul nom : « C'est scientifique, c'est prouvé », et s'est établie comme croyance unilatérale. On le constate encore aujourd'hui : le « choc » technologique informatique serait censé nous guérir de biens des maux, dans la mesure où il touche à la communication.

Pour utiliser les catégories chinoises du yin et du yang, on peut qualifier la pensée rationnelle comme étant yang. Dans ce mouvement excessivement yang, l'esprit humain s'est étiolé en un prodigieux marais de sous-savoirs se spécialisant pour eux-mêmes, loin de toute référence concrète à la réalité globale de la nature humaine.

Si, par ailleurs, il existe encore un grand mouvement de pensée actuel, comme il y a eu le surréalisme ou l'existentialisme, c'est bien tout ce qui touche à la communication. Curieusement, il ne s'agit pas d'une « idéologie-système », mais d'une multitude de tentatives pour « faire passer », comme on dit, une identité. Autre curiosité, ce courant porteur ne possède pas ses « têtes d'affiche », un Breton ou un Sartre, mais ses meilleurs vecteurs sont les fameuses technologies nouvelles : informatique, télématique, vidéo, etc. Enfin le premier message de la communication n'est pas un message dogmatique, mais un message moral, éthique : « Il faut communiquer. »

Avec un peu de recul par rapport à l'existentiel, il n'est pas impossible que cette nécessité de communiquer soit sur le plan humain et social une réponse-alibi à un besoin de cohérence globale plus profonde. Réponse, aussi, à un besoin d'interprétation éthique des événements.

« Nous vivons dans une société à cloisons étanches », dit Marguerite Yourcenar, dans une société sans perception globale, ni finale. Ce qui est éclaté n'a pas de sens éthique. L'écorché de nos leçons de sciences naturelles nous apportait une image vraie de notre réalité, l'autre côté de l'épiderme, sans jamais répondre à ce qu'est notre réalité intérieure. D'ailleurs, sur ce plan, ne sommes-nous pas des individus « à cloison étanche » ?

Communiquer, c'est rassembler. Le besoin de communication est un besoin de relier, connecter, globaliser ; un besoin de plus de yin. Notre besoin de communiquer ressemble à l'acharnement de joueurs de puzzle.

Ces dernières années, une renaissance de l'esprit de synthèse de visions plus globales, « macroscopiques », selon l'expression de Joël de Rosnay[4]*, peuvent nous amener à nous demander si le mouvement ne s'est pas inversé et si nous ne sommes pas en marche vers une pensée plus yin. C'est-à-dire une pensée qui recherche la cohérence, qui unit les connaissances entre elles, qui prend en compte dans un premier temps les aspects subjectifs de l'homme et de la société et qui débouche sur un savoir-faire plus pragmatique, plus concret et surtout plus humain.*

Il pourrait ainsi s'opérer un rééquilibrage de l'esprit

contemporain. Mais si au passage, cette nouvelle vision des choses ratait la véritable dimension humaine, on ne voit pas pourquoi elle ne créerait pas ses propres excès. Il importe que l'esprit, comme le corps, trouve son « hara », c'est-à-dire son centre et son équilibre. Si l'une ou l'autre des deux origines de l'homme, existentielle ou essentielle est négligée, le balancier poursuit son mouvement d'un extrême à l'autre.

Au point où nous en sommes de ce mouvement, c'est-à-dire au plus près du pôle existentiel, il nous faut constater que c'est un sacré tour de passe-passe que de réduire plusieurs siècles de traditions sacrées et religieuses à un désir de sécurité ou à un critère sociologique de cohésion, sans se demander « ce qui se passe » derrière les images, les symboles, les principes et les rites qui laissent apparaître une remarquable constance à travers la multiplicité des expressions, l'invariant s'exprimant à travers les variants. Les travaux d'un C. G. Jung, M. Eliade, J. Herbert ou M. Granet sont là pour en témoigner. L'esprit le plus critique ne pourra jamais renier un « plus petit dénominateur commun » qui est en fait l'indice d'un fabuleux gisement d'Etre, où se perdre c'est se trouver.

Karlfried Dürckheim a beaucoup de choses à dire aux hommes de notre temps. Seulement, peut-il se faire entendre en dehors d'un cercle d' « initiés », par ailleurs de plus en plus important ? Mais comment peut-il parler aux « autres », ceux qui vivent en silence dans une misère spirituelle, dont nombre de problèmes psychologiques et personnels sont le signe caché, et qui vivent dans un quotidien « prêt-à-porter » duquel ils ne savent quelle maturité retirer ? Car la spiritualité n'est-elle pas aujourd'hui un sujet tabou, que l'on n'aborde qu'en termes de sectes, d'ésotérisme ou de parapsychologie ? Ce tabou n'est-il pas la première cause de la misère spirituelle de notre temps ? En deux mots : peut-on parler de spiritualité aujourd'hui ?

On pourra dire que, dans un contexte de crise économique et politique internationale et de chômage, l'expérience mystique est anachronique. Certes, la vie intérieure lorsque l'on travaille à la chaîne ça n'est pas évident. Mais de l'autre côté, la mer et le soleil, pour des milliers de personnes, l'été, c'est abrutissant et vide de sens.

On comprend également que, dans un contexte de crise religieuse, la parole spirituelle soit sujette à caution, du moins sur le plan collectif. Mais il reste à prouver que l'image religieuse, le symbole aient perdu de leur impact et de leur suggestion sur la conscience profonde individuelle. Il est quelque peu hâtif de faire d'une crise religieuse et des valeurs la fin du spirituel. Comme dit le Veda : « Il y a beaucoup d'aurores qui n'ont pas encore lui. » L'attrait pour les sectes, pour la recherche personnelle aux divers niveaux de la psychologie sont des exemples de la façon dont l'être humain continue de se rechercher lui-même sur le plan bien différent de celui de la consommation, du statut social ou du plaisir.

Aujourd'hui, tout change très vite. « Trop vite », disons-nous, tout en restant aussi pressés de profiter des tours de manège à sensations que nous offre le monde moderne. La distance entre la nouveauté et l'obsolescence se réduit au point de n'être plus qu'un seul et unique phénomène. Nous voyons passer les jours et les saisons en accéléré, nous apportant sans cesse des nouveautés attirantes, fragiles, jamais épuisées, alors que cela devrait être l'expression de la permanence.

A ce stade, ne sont-ce pas les cadres eux-mêmes de notre perception et de notre compréhension des choses qui sont modifiés et non, uniquement, certains éléments d'un système économique et social ?

Tout se passe comme si, dans la vieille maison, les murs, le plancher, le plafond et le toit, en même temps qu'ils sont ébranlés, commencent à être remplacés par une architecture inconnue et pas encore définie. « Vivre dans sa vérité » n'est pas faire de l'ancienne architecture une « vérité perdue », mais trouver le contact intérieur et le conserver au milieu du tourbillon. La chance du tourbillon c'est son œil, le vide immobile au centre du typhon, signe de la permanence au cœur des formes qui viennent, passent et disparaissent.

Mais l'individu n'est pas encore allé jusqu'au fond de lui-même pour voir de quelle Réalité il est fait. Pour effectuer cette démarche, il reste encore beaucoup de barrières mentales. Certaines se lèveront peut-être lorsqu'on aura compris que développer son intériorité signifie se ménager un espace de Vie et de Liberté, permettant de digérer les tensions accumulées jour après jour. Tensions individuelles mais également collectives. L'individu, comme la société, a aujourd'hui besoin de décontraction et de confiance en quelque chose. Mais il n'y a pas de confiance sans décontraction...

En fin de compte, le mouvement devrait être naturel : en période de doute, il faut retourner à ses racines, c'est-à-dire à l'Etre incarné dans l'Existence, et se recentrer sur la monade ou l'unité, la personne, chaudron alchimique où peut s'effectuer une transmutation vers un niveau d'être supérieur. Il faut donc lâcher du lest du côté de l'abstraction et de l'organisation pour s'enraciner à travers sa réalité quotidienne et individuelle.

D. T. Suzuki, dans son livre Le Bouddhisme Zen, *cite le koan suivant*[5] :

« Il nous faut nous vêtir et manger chaque jour. Comment nous libérer de cela ? demande le disciple au maître.

— Nous nous habillons. Nous mangeons, répond le maître.

— Je ne comprends pas.

— Si vous ne comprenez pas, mettez votre vêtement et mangez votre nourriture. »

Ou tournez la clé de contact.

F.W.

Saint-Nolff, octobre 1984.

CHAPITRE PREMIER

« *En guise de biographie* »

— *Professeur Dürckheim, plusieurs grands événements ont marqué et orienté votre recherche au cours de votre vie, dont la rencontre avec le Japon. Mais voilà, le point de départ c'est votre expérience de la guerre : celle de 1914-1918.*

— C'était en 1914, il y a maintenant soixante-dix ans. J'avais 18 ans lorsque je suis parti pour le front. Le point de départ de mes découvertes en ce qui concerne la Vie a plus ou moins été ma participation à la Première Guerre mondiale de 1914 à 1918 où j'ai passé quatre années comme jeune officier. J'avais 18 ans en partant, je suis revenu à 22 ans. Et c'est là que j'ai reconnu ce qu'est la vie à travers l'expérience de la mort.

Je me souviens encore d'une attaque sur la montagne, le mont Kemmel, pas loin de Verdun. Il fallait traverser avec mes soldats une centaine de mètres, ce qu'on appelait le rideau de bombes, un rideau de feu fait par les Français. Je me souviens encore qu'en pénétrant dans ce rideau de bombes, je disais à mes soldats : « Sautez dans un trou qui vient d'être fait parce qu'il est improbable qu'un autre obus tombe dans le même trou. »

Plus tard, est devenu important pour moi le fait qu'au moment où l'on se lance vers une mort presque certaine, à ce moment-là, on a le sentiment d'une Vie extraordinaire.

Au moment le plus dangereux et le plus proche de la mort, là, on se sent proche d'une grande Vie. Cette rencontre avec la mort pendant la guerre 1914-1918 a influencé toute ma vie spirituelle.

— *Mais déjà là, se trouve une chose difficile à accepter : car les guerres, avec leur lot de morts et de réfugiés, sont légion aujourd'hui.*

— C'est tout à fait juste dans le sens où vous l'entendez. Mais, je veux parler de ce qui touche le développement intérieur. Quand je parle de découvrir la Vie, il ne s'agit pas de la vie dont on parle en général. C'est une autre Vie : c'est la présence de l'Etre universel, divin, qui nous touche. Au moment même où cet Etre nous touche, nous nous sentons enfant d'une autre Vie. C'est ce problème qui est au fond le thème principal de tout ce que j'ai écrit et enseigné.

Cette prise de conscience a commencé avec la guerre. Après la guerre, j'ai failli être tué comme otage en entrant à Munich. J'ai été mis en prison parce que ma famille avait des contacts très étroits avec le roi de Bavière. On pensait que j'étais un contre-révolutionnaire. Un beau jour, alors que j'étais dans ma cellule, la porte s'ouvre. Un homme entre. Il me dit son nom et me demande si cela me dit quelque chose. Je lui réponds non. « Eh bien, dit-il, j'ai été domestique dans la maison de votre père, au moment où vous êtes né à Munich. Vous devez être exécuté comme otage, mais peut-être pourrai-je faire quelque chose pour vous. » Et il s'en va. Quinze jours plus tard, j'étais libre.

Puis, j'ai commencé à faire mes études. Evénement important, je devais hériter d'une propriété en Bavière, j'étais l'aîné, j'adorais ma terre. Pour les gens du village, je devais être le prochain Dürckheim qui la dirigerait. Mais voilà qu'après la guerre, j'ai reconnu que mon avenir n'était pas de devenir propriétaire, mais qu'il me fallait faire une autre route, spirituelle celle-là.

En ce temps-là, nous étions un petit groupe de quatre personnes : ma future femme, un jeune philosophe et sa femme. Nous commencions à faire des méditations et des recherches tournées vers l'intériorité.

— *Est-ce qu'à l'époque votre démarche était déjà tournée vers l'Orient ?*

— Je dois à l'Extrême-Orient ma première révélation. Nous nous trouvions chez un ami peintre. Ma future femme, sans penser à grand-chose, prend un livre dans ses mains. C'est le *Tao-tö king* et me lit le onzième chapitre[6]. Alors, tout à coup, j'ai eu ma première grande expérience de l'Etre. Tout avait changé autour de moi. Tout ce qui m'entourait était là et en même temps n'était pas là. Il y avait autre chose à la place, beaucoup plus profond. Je sentais la tension entre le monde normal qu'on voit avec sa conscience conceptuelle et un tout autre monde. Le poète Novalis[7] dit : « Tout ce qui est visible est un invisible élevé dans un état de mystère. » Eh bien, je voyais cet invisible. C'était vraiment une chose extraordinaire qui a duré presque deux jours. Je me sentais entre deux réalités. En ce temps-là, je n'avais pas encore compris ce qui m'avait touché.

Alors, j'ai commencé à lire des livres sur le Bouddhisme. Puis je me suis de nouveau éloigné de tout ça. J'ai fini mes études de psychologie et de philosophie, pour aller enseigner à l'Université. Mais un beau jour, j'en ai eu assez de l'Université et des discours de professeur. On attendait de moi que je devienne professeur mais j'ai dit non. Et j'ai quitté l'enseignement universitaire. Je suis allé en Italie et j'ai passé un an à Rome, en 1925, l'année sainte. J'ai commencé à travailler et à écrire une philosophie sur le grand Tout, le grand Un.

— *Et la découverte du Japon ?*

— Elle intervint beaucoup plus tard. J'étais professeur à Kiel. On m'envoya d'abord en Afrique du Sud pour étudier la vie des Allemands devenus sud-africains.

Puis en 1936 j'ai été envoyé au Japon pour faire des études sur la base spirituelle de l'éducation japonaise. J'y ai passé un an, je suis revenu. Puis je suis à nouveau reparti pour le même travail. Cela m'a mis en contact avec le zen qui m'intéressait beaucoup. Mais ce qui m'a ouvert la porte de la compréhension du zen, c'est mon véritable maître qui est Maître Eckhart [8].

Je me souviens de la première rencontre avec le maître zen Suzuki [9], qui a apporté le zen du Japon en Amérique. Il est venu me voir. Je lui ai demandé : « J'ai entendu dire qu'il y a dans le zen cinq pas importants à faire. » Il m'a dit : « Oui, le premier c'est celui-ci, le second c'est celui-là. » Je lui réponds : « Attendez un instant. Si le premier et le second sont ce que vous dites, le troisième doit être ça, le quatrième ça et le cinquième ça. — C'est juste, d'où le savez-vous ? — Si je suis la logique de Maître Eckhart, c'est ça. » Alors il m'a dit : « Je vais à présent m'intéresser à Maître Eckhart. »

J'ai fait la connaissance du zen, de l'assise en zazen et du tir à l'arc. J'ai rencontré alors un grand maître du tir à l'arc qui me demande de raconter mes premières impressions du Japon depuis quatre semaines. Je les lui raconte. Il me dit : « C'est très juste, mais très superficiel. » Alors je lui dis : « Que faut-il faire ?

— Il faut aller à un point dans la profondeur. Tout ce qui est autour en profite.

— Que dois-je faire ?

— Le tir à l'arc.

— Mais je n'ai pas de maître, pas de place et pas beaucoup de temps.

— Le maître, je pourrai le faire moi. La place, vous n'avez besoin que de trois mètres.

— Comment ça trois mètres ? »

Et il est revenu avec une grande cible de paille, qu'il a mise à trois mètres. Le disciple dans le tir à l'arc tire durant trois années complètes sur une cible d'un mètre de diamètre à la distance de trois mètres. C'était surprenant. Je me suis très vite aperçu que le tir à l'arc comme exercice spirituel n'a rien à faire avec l'objectif de toucher le centre d'une cible avec une flèche. Il s'agit d'autre chose. J'ai appris que dans la tradition japonaise, une technique maîtrisée ne sert pas à une performance mais au devenir de l'homme.

Dans le tir à l'arc, cela signifie que dès que vous êtes capable de maîtriser la technique entièrement, le petit moi qui voudrait bien toucher le centre, qui a peur de rater, ce petit moi peut être effacé totalement. La technique est alors nettoyée de votre moi et se branche sur un centre plus profond en vous-même. C'est alors que tout à coup la flèche s'en va, sans votre participation, sans effort, ce n'est plus le résultat qui compte mais plutôt la présence du grand Etre dans votre petit être. Donc le sens d'un exercice japonais est le développement de l'être spirituel en effaçant la participation du petit moi qui veut encore « faire » quelque chose.

J'ai écrit un livre : *Le Japon et la culture du silence*[10]. J'y parle du silence que j'ai connu au Japon. Ce silence des petits villages où l'on n'entend que le tap-tap des souliers de bois, c'est aussi le silence du zen, cette tradition du grand silence où l'homme modestement fait son travail. Un ministre japonais, une fois, disait : « Afin que quelque chose reçoive une importance religieuse, il ne faut que deux conditions : qu'elle soit simple et puisse être répétée. » La méditation est basée sur l'exercice de la respiration et du silence.

Ce que j'ai surtout gagné grâce à mes expériences avec le zen et ma recherche chez Maître Eckhart, c'est qu'il existe des expériences qui nous font toucher une réalité qui n'est pas due à notre conscience conceptuelle. Elle n'a rien à faire avec le Moi existentiel, mais nous nous trouvons touchés par notre Etre essentiel. J'appelle Etre essentiel la transcendance intérieure. Et il y a deux expériences de cet Etre : l'expérience mystique et l'expérience initiatique.

L'homme est appelé à découvrir en lui-même cet Etre essentiel qui est au-delà du temps et de l'espace et qui le touche durant un instant. Beaucoup plus de personnes qu'on ne le croit font ce type d'expérience, mais ne se rendent pas compte de ce qui est arrivé. Peut-être parfois s'en souviennent-elles mais elles n'en font rien. Pourtant cette découverte est une réponse à la recherche de jeunes qui ont eu cette expérience mais qui ne savent qu'en faire. Ils vont en Inde ou au Japon chercher un secret qui est au-delà du temps et de l'espace. En vérité, ils l'ont en eux-mêmes.

Ici se pose le problème de l'appel du maître. Tant de jeunes cherchent quelqu'un qui leur fasse comprendre cette expérience et qui soit capable de les guider sur un chemin où ils peuvent devenir celui qu'ils ont rencontré un instant dans une expérience pareille. C'est de ce problème dont je me suis occupé depuis que je suis rentré du Japon. Au fond, tout tourne autour d'une seule question : la transparence pour la transcendance intérieure.

— Vous parlez de la plénitude de l'Etre. Il y a une coïncidence, c'est que Heidegger, « philosophe du néant »[11] *ait vécu près de Rütte. Aviez-vous des relations avec lui ?*

— Lorsque je suis rentré du Japon, Heidegger était très en vogue. Je lui ai envoyé mon petit livre sur le Japon et le silence. Il m'a répondu : « Jusqu'à présent, j'ai toujours eu l'impression que l'on ne peut s'occuper que d'une philosophie dont on connaît la langue. Je ne connais pas le japonais mais ce petit livre m'incite à m'intéresser à la philosophie japonaise. » Ce fut le premier contact. Je l'ai revu plus tard deux ou trois fois, mais bien qu'il ait vécu près de Todtmoos, je n'ai pas entretenu de relations avec lui, parce que dans sa façon d'être il y avait quelque chose avec quoi je n'avais pas le contact. Il était très exigeant en ce qui concerne la connaissance de sa philosophie. Heidegger avait pourtant des points communs avec ma philosophie. Il dit qu'il faut rendre transparent l'étant pour l'Etre. Il parle de l'Etre et de l'étant, *das Sein und das seiende.* La réalité dans notre conscience objectivante doit être rendue transparente pour tout ce qui est au-delà de l'étant.

— Vous avez également enseigné à l'époque de Sartre qui, avec sa phrase « l'existence précède l'essence » a mar-

qué la philosophie. Est-ce que, pour vous, il s'agit de l'inverse ?

— Je crois que l'existence vécue jusqu'au bout arrive à l'Essence. Ce n'est que si vous vous enfoncez totalement dans ce que l'existence vous offre et vous ouvre que vous allez toucher l'Etre. Si vous évitez de vous plonger dans l'existence pour quelque raison que ce soit, vous n'arriverez jamais à atteindre l'Essence. C'est le paradoxe de celui qui dit oui au Moi existentiel, mais qui va jusqu'au bout. Je me souviens d'un maître japonais qui disait un beau jour : « Mais qu'est-ce que vous avez au fond contre le Moi ? Au contraire, il faut dire : go on ! go on ! Allez jusqu'au bout ! Alors un beau jour vous vous casserez la figure et vous ferez l'expérience. Mais vous ne la ferez jamais si vous vous retirez avant ! »

Alors je crois que l'existentialisme arrive à un essentialisme s'il va jusqu'au bout. Ou disons que c'est dans l'instant même que l'on découvre l'essence et non pas en réfléchissant et en se perdant dans les nuages. C'est la fausse idée que l'on se fait de l'Orient et de la méditation : on croit que les gens perdent le sol sous leurs pieds. En fait, ils trouvent leur sol. Sinon c'est une idée fausse qui va à l'encontre de la réalité que l'on peut atteindre. On doit aller jusqu'au bout.

— *Ce que l'on appelle votre enseignement est un ensemble assez élaboré et dense. Il est connu de pas mal de monde. On appelle couramment « disciples »* les personnes qui travaillent avec vous. N'y a-t-il pas le danger qu'apparaissent des dogmes et le « *Dürckheimisme* » *?*

— Je ne peux pas éliminer cette possibilité que l'on fasse de moi un beau jour un « isme ».

Les dogmes sont toujours faits de quelque chose qui se noie dans le cerveau. Tandis que je parle de quelque chose qui n'entre pas dans le cerveau. Naturellement, il y aura toujours le danger pour l'homme qui est rempli de cette conscience conceptuelle d'en faire un concept. Le « péché éternel » est dans l'être humain. Mais justement, il est possible de découvrir ce péché et d'en sortir en prenant au sérieux des expériences qui mettent à la porte tout ce qui bloque le chemin.

D'un autre côté, si on découvre un jour quelque chose qui est au-delà de l'Au-delà, mon idée de la transparence pour l'Au-delà deviendra peut-être trop restreinte. Mais en ce qui concerne la découverte du fait, ce n'est pas moi qui l'ai trouvé. Ce sont tous les grands mystiques qui ont découvert que l'on est le Christ intérieur et qu'il ne faut pas faire la confusion entre Jésus et le Christ. Le Christ qui dit : « Je suis avant d'avoir été. » Ce « je suis » est le noyau de la découverte de la transcendance. C'est le grand « Je suis » qui remplit l'univers comme un grand son. Et chaque plante, chaque rose résonne du « Je suis ».

Et chaque homme, une fois qu'il a découvert le « Je suis » en lui-même dans sa méditation revient au « Je suis » qui est la bonne éternité dont parlait Hegel qui disait : il y a deux éternités : la mauvaise et la bonne. La mauvaise éternité, c'est le fini prolongé dans le temps, dans l'espace infiniment. La bonne éternité n'a rien à faire avec le fini, c'est la verticale sur l'horizontale, comme la croix, dans une existence dans le temps et dans l'espace. Et tout être est comme cloué sur la croix, croisé à la verticale qui représente l'appel du noyau intérieur.

Chaque être à partir de l'image de sa semence peut dire ce mot du Christ pour lui-même : « Je suis la Vérité, la Lumière et la Vie. » Chaque être est sa Vérité, son chemin et sa Vie.

Mais je ne vois pas ce qui pourrait dépasser cette idée de l'expérience de la réalité universelle s'exprimant dans un être en particulier.

CHAPITRE II

Qui décide ?

— L'être humain fait partie de deux réalités : la Réalité existentielle et la Réalité essentielle, celle qui dirige son être profond et qui représente le divin dans l'homme. Même les gens qui n'en savent rien sont eux-mêmes enracinés dans une Réalité plus profonde. Il est important que nous ayons une base où nous sommes vraiment « dans notre maison ». Il y a dans la vie ou sur le chemin intérieur des moments dangereux, pleins de douleur ou de surprise, des bouleversements, des morts, des catastrophes ou des moments de grande joie, où chacun peut tout à coup ressentir une qualité différente et le fait que la vie existentielle, c'est-à-dire notre existence dans le temps et dans l'espace et qui préoccupe le moi de l'homme, n'est pas tout.

Aujourd'hui, en Occident, nous en sommes au point, et beaucoup de gens ressentent cela, où quelque chose de nouveau s'approche de nous. Ce qui faisait la vie traditionnelle s'en va et s'épuise. C'est donc un moment où chacun est appelé à réfléchir sur ce que représente la vie pour lui-même.

— *Qu'est-ce qui vous fait dire ça ?*

— Tout le système économique est en train de s'effondrer. Il y a une insécurité qui dirige les esprits. Nous avons du chômage, comme nous n'en n'avons jamais eu en Europe depuis 1929. Des millions de personnes sans travail et sans même l'espoir de pouvoir en trouver dans les prochaines années ! Il ne s'agit pas seulement de gagner de l'argent. Je me souviens du témoignage de quelqu'un : « Si j'imagine qu'à 35 ans je ne trouverai plus jamais un travail, dans lequel je peux m'engager : mes bras, tout mon corps et tout mon esprit, alors ça c'est le désespoir. » Aujourd'hui, des millions de personnes vivent dans ce désespoir sur le plan existentiel. Aussi est-ce justement le moment pour l'homme de savoir qu'il sera dans sa véritable « maison », non pas dans la vie existentielle, mais qu'il y a en lui une autre porte qu'il devrait ouvrir.

— *Cela signifie donc que l'angoisse de la vie quotidienne renvoie à des questions qui pourtant la dépassent ?*

— Bien sûr. C'est justement l'angoisse, la peur, le danger, les catastrophes, les maladies, la mort qui, dans notre vie existentielle, contiennent la chance de nous ouvrir à un autre plan en nous, un autre échelon sur l'échelle de la vie qui, au moment le plus dur, lui donne un sens. D'ailleurs, de plus en plus d'hommes s'éveillent à la présence d'une Réalité qui, jusqu'à présent, avait été rejetée comme étant mystique, et plus ou moins irréaliste. Les gens commencent à découvrir en eux-mêmes la possibilité de tisser un lien avec quelque chose de plus profond.

— *Justement, dans ce contexte de crise, nous avons le sentiment d'être dépossédés de nous-mêmes. N'est-ce pas le signe que, dans la vie, l'être humain n'est pas simplement un objet ballotté par les circonstances, un jour heureux, le lendemain malheureux ?*

— Nous sommes objets dans la mesure où notre vie n'est située que sur le plan existentiel. Ce que l'homme doit apprendre, c'est qu'il est autre chose que son moi existentiel, dans le temps et dans l'espace, où il s'agit de se maintenir. Car le moi existentiel n'a qu'un véritable souci : pouvoir se maintenir et avoir du plaisir. Mais nous sommes enracinés dans une Réalité plus profonde à laquelle l'esprit, lui, peut s'ouvrir.

— *Est-ce que c'est cela devenir « sujet », en opposition à « objet » ?*

— Le mot sujet est ambigu. On parle par exemple de choses qui ne sont pas réelles en disant qu'elles ne sont « que subjectives ». C'est malheureux. Dans la mesure où l'homme est prisonnier dans le filet d'une réalité organisée rationnellement, il ne considère comme réel uniquement que ce que l'on peut peser, mesurer, faire ou savoir. Beaucoup de gens « ont » une fortune, « savent » beaucoup de choses, peuvent « faire » beaucoup de choses, mais ne « sont » rien. C'est la différence entre celui qui se considère à travers ses facultés, parce qu'il peut « faire » quelque chose et celui qui « est » quelque chose. Celui-ci est non seulement dans son moi exitentiel, mais se trouve aussi en contact avec une réalité plus profonde.

Mais l'intériorité de l'homme n'est plus aujourd'hui sollicitée. Si vous travaillez sur un ordinateur du matin au soir, la première des choses à faire, c'est de vous séparer de votre être, celui qui éprouve des sentiments, qui aime ou qui hait, qui éprouve des difficultés intérieures. Vous devez mettre tout cela de côté. Tout est organisé rationnellement. L'âme n'a plus sa place. L'organisation de la vie élimine l'homme en tant qu'être humain. Il devient fonctionnaire dans un système où chaque place doit être occupée par une personne pour un travail objectif prescrit. Il doit s'y adapter et, la plupart du temps, éliminer sa personne. Cette élimination de l'homme dans le système caractérise la vie moderne et éveille en beaucoup de personnes une autre profondeur. Celles-ci se rendent compte qu'au-delà de toute vie organisée, il existe quelque chose de plus important. Et elles en ont la nostalgie.

La nostalgie c'est l'expression d'une mémoire transcendante grâce à laquelle l'homme se rend compte qu'en lui-même, il existe autre chose, mais dont il est coupé. La recherche de ce « Tout Autre » amène beaucoup de jeunes à voyager. L'adolescence est remplie de cette nostalgie. Un voyage est toujours un symbole de cette recherche.

— *Comment cette nostalgie peut-elle se manifester ?*

— Le jeune ressent en lui quelque chose qui est sans réponse, un désir profond. Il ne sait pas ce que c'est et se met en recherche. Certains se contentent de livres. D'autres essaient la drogue. D'autres s'en vont en Inde. Leur vie profonde ne se contente pas de la vie organisée, celle des adultes. Elle trouve ridicule cette vie où tout est prévu, car elle cherche une Réalité sans limites. Tout ça fait partie de l'adolescence. (Mais on ne peut pas décrire ce mystère qu'est l'homme dans sa profondeur.)

L'adolescence est l'âge du premier amour, qui n'est pas

tout de suite sexuel. Le jeune écrit des poèmes, un journal. Il trouve la vie des adultes ennuyeuse. Alors les adultes lui disent : « Tu verras un jour ce qu'est la réalité. » En vérité, c'est le jeune qui se trouve dans une Réalité plus profonde, qu'il perdra dès qu'il entrera dans l'organisation de la société. C'est là qu'il y a une contradiction entre le travail où l'homme est « fonctionnaire » et la vie personnelle où il peut être enraciné plus profondément.

Mais aujourd'hui nous sommes à la frontière d'une nouvelle époque qui ne pourra pas simplement être définie par le règne des machines et des organisations, car une Réalité différente commence à se lever dans l'âme des hommes.

— *Quelle est cette « autre réalité » ?*

— L'homme est donc un être qui vit entre deux pôles. D'une part, le pôle existentiel, dans le temps et dans l'espace, où il agit avec son identité dans la causalité. D'autre part, le pôle essentiel. La Vie essentielle est une vie basée sur l'expérience d'une Réalité transcendante.

La Réalité transcendante, c'est la Réalité universelle de l'univers. Elle est là, mais les images qui en sortent dépendent du fond sur lequel cette vie divine tombe. Par exemple ? On peut dire que la réalité universelle a un caractère trinitaire. Dans le christianisme, c'est le Père, le Fils et le Saint-Esprit. En Inde, vous avez le Brahman, créateur de tout, Vishnu, le garant des formes incarnées, et Shiva le destructeur qui reprend toujours. Dans le Bouddhisme, vous avez Bouddha, le Dharma, la loi, et Sangha, l'union des disciples.

— *Faut-il alors tout quitter pour s'orienter vers le pôle transcendant ?*

— Il faut se souvenir de la vieille phrase : « Beaucoup sont appelés mais peu sont élus. » Donc tous ne sont pas appelés. Il y a des personnes qui ont l'oreille pour l'appel de la profondeur. Beaucoup ont un rôle utile dans la société, mais ne sont enracinés que dans la vie existentielle. Une personne capable de donner sa vie pour ses amis ne manque pas de qualités éthiques, mais peut-être ne sait-elle rien et ne saura-t-elle jamais rien de cet autre pôle qui est en elle, qui s'exprime dans une vie qu'autrefois on appelait religieuse et qui est la base, le noyau de chaque religion vivante. C'est avec ce pôle qu'il faut avoir un lien, lequel est basé sur des expériences particulières. Mais chacun n'est pas appelé d'entrée.

Aujourd'hui, dans la mesure où l'homme est presque étranglé par les organisations extérieures, cet être profond s'éveille. C'est la première fois dans l'histoire de l'Occident que tant de monde prend au sérieux les expériences que par le passé on appelait expériences mystiques. L'Eglise, autant que les sciences, les définissait comme étant sentimentales et sans réalité. Mais ces expériences-là commencent à prendre leur vraie place dans la recherche de l'homme en lui-même. Et dès que vous parlez de l'homme ayant une certaine profondeur, vous envisagez l'homme intérieur, l'homme essentiel.

— *Prenons une personne qui habite et travaille dans une grande ville. Elle est dans un contexte de concentration humaine où tout va très vite. Quel peut être pour cette personne le réflexe de santé ? Et si elle a une vie intérieure,*

comment celle-ci peut-elle être compatible avec une vie sociale agitée ? Faut-il tout quitter ?

— Vous touchez là un point très douloureux pour la société d'aujourd'hui. Tout se fait en courant. Rien ne se fait dans un certain rythme. Il n'y a pas de rythme aujourd'hui, il y a la vitesse. Les conditions dans lesquelles travaillent la plupart des gens font d'eux des marionnettes. La société devient une gigantesque machine qui tire les ficelles. Toute la journée l'homme est empêché de se replier sur lui-même. Il ne peut plus trouver en lui-même le trésor qu'il *est* dans sa profondeur et qui ne dépend pas du salaire, mais du temps que l'on a pour soi-même.

Alors que faire ? On peut tout d'abord être conscient que cette vie n'est pas humaine. La plupart des gens n'en sont plus conscients. Ils sont devenus des marionnettes et l'acceptent. Si quelqu'un se rend compte qu'il vit contre sa profondeur, c'est déjà énorme. Alors, il trouvera toujours un moment pour avoir par exemple une conversation un peu profonde avec sa femme, pour entendre un beau disque. Mais surtout, il ne remplira pas encore le week-end avec d'autres travaux. Aujourd'hui, le week-end c'est de nouveau une façon d'éviter la tranquillité. « Il faut faire quelque chose. » En français, il y a une belle expression pour dire marcher c'est « se balader ». Le week-end doit être un moyen de vivre sa vie personnelle, sans que quelque chose vous poursuive : « Plus vite ! Plus vite ! » Ce pourrait être une chance pour l'homme de se recentrer vis-à-vis de lui-même, d'arrêter durant un moment la vie durant laquelle il n'est que marionnette. L'homme est réduit à l'état de fonctionnaire au sens où il remplit une petite place dans une grande machine. C'est ça la destruction de l'être humain. Nous sommes arrivés à un point de déshumanisation qui porte en germe une grande débâcle dans la société.

— *Dans les sondages, les hommes sont classés en C.S.P. (catégories socioprofessionnelles) ou en pourcentages, n'est-ce pas une façon de réduire l'humain à un objet et d'identifier l'individu à une C.S.P ou à un pourcentage... ?*

— C'est l'un des signes que nous nous trouvons dans une civilisation où ce sont les chiffres qui importent, ce qu'on peut mesurer, ce qu'on peut peser. C'est le règne de la quantité et non pas le règne de la qualité. Le règne de la quantité, c'est d'ailleurs le titre d'un livre de René Guénon [12].

— *C'est aussi le règne de la raison. Mais la raison, est-ce là tout l'esprit humain ?*

— L'esprit, c'est naturellement un mot qui a beaucoup de significations. Il y a au moins trois formes de l'esprit.

L'esprit, c'est tout d'abord un don que l'animal n'a pas. C'est la faculté de penser, de donner des concepts. C'est une intelligence plus ou moins grossière, une conscience conceptuelle. Le spirituel a d'autres significations encore. Par exemple nous avons du goût pour l'art, pour la philosophie, alors on peut dire : voilà quelqu'un qui est spirituel, qui s'intéresse à des connaissances plus profondes.

Mais il y a le spirituel dans un troisième sens qu'on appelait autrefois le sens religieux ou spiritualité. Dans ce sens-là, l'Eglise commence à comprendre qu'il ne s'agit pas seulement d'une religiosité qui est une croyance, que l'on peut apprendre et « avoir ». L'homme spirituel, c'est celui qui se trouve à la fois enraciné dans sa vie humaine et en même temps relié à une Réalité plus profonde.

— *Justement l'esprit que nous « pratiquons » le plus couramment est celui de la raison, le mental ou encore la conscience rationnelle. C'est un esprit envahissant. Mais est-il une aide ou un obstacle pour le spirituel au troisième sens ?*

— D'un côté, naturellement, quelqu'un qui est complètement idiot, c'est un malheur sur tous les plans. Mais la raison conceptuelle n'est pas nécessairement un obstacle au progrès intérieur. C'est une faculté dont nous avons besoin dans l'existence. Le problème est celui de l'attitude dans laquelle nous nous en servons. C'est toujours la question concernant notre façon d'être là. Comment sommes-nous là ?

Est-on enraciné dans son « petit moi » qui cherche à se maintenir ? A « faire » quelque chose ? A répondre à l'attente de votre patron, par exemple ? Ou parle-t-on d'un esprit qui exprime le contact avec la profondeur ?

On peut d'ailleurs se demander en voyant les politiciens et les dirigeants, s'ils gouvernent uniquement avec leurs facultés conceptuelles bien organisées, ou s'il y a quelque chose d'autre ? Un homme comme de Gaulle, qui était le maître d'une réalité existentielle par excellence, était en même temps quelqu'un de profondément « religieux » et qui avait la source de sa force et de son génie sur un plan non existentiel.

— *Peut-on dire où s'arrête le rôle et l'efficacité de la raison ? Quel est son rôle en tant qu'outil ?*

— C'est une question qui trouve sa réponse d'elle-même. C'est seulement grâce à notre faculté raisonnable qu'on peut organiser la vie existentielle. Mais ce don qui nous rend capable de l'organiser avec exactitude représente alors l'obstacle même pour s'enraciner dans une vie qui se situe aussi au-delà de l'existence. Par contre, l'esprit dont nous avons besoin pour reconnaître et nous enraciner dans la transcendance ne peut pas organiser tout seul l'existence.

Il y a là une contradiction. Faire son travail, épouser un homme ou une femme qui vous convient, éduquer vos enfants et finalement être un bon bourgeois. Si cela est tout pour vous, alors avoir plus ou moins d'intelligence conceptuelle suffit. Encore un petit peu de bonté, un petit peu de cœur et tout est là. Un peu de chance aussi qui vous procure un bon emploi et c'est tout. Tandis que l'homme spirituel n'est pas du tout satisfait de cela. Il connaît l'appel de son Etre profond. Alors existe un tiraillement permanent entre l'appel de sa profondeur et l'appel de son existence.

— *Quel rôle joue le mental dans cela ?*

— Le mental, c'est-à-dire la faculté de penser, doit permettre de se dire : « Grâce à mon intelligence, je dois simplement accepter qu'en moi il y ait deux voies qui m'appellent : la voie de l'existence et celle de l'Essence. Alors je dois rendre à César ce qui est à César et à Dieu ce qui est à Dieu. » Il y a alors là une solution pour rester témoin de sa profondeur même à la surface du monde.

— *Le mental aide donc à tisser une vision cohérente du monde ?*

— Nous avons à distinguer les choses et à mettre chacune à leur place. Savoir organiser sa vie intérieure et la mettre en relation juste et fructueuse avec sa vie extérieure.

Mais dès que vous posez la question : « Qu'est-ce que c'est que ça ? » l'Etre transcendant s'en va. Dès que vous laissez entrer le mental, tout de suite la voix de Dieu se tait. Elle ne peut rester dans l'emprise du mental.

Alors quelle est la particularité du mental ? Il s'agit de la faculté pour une conscience de distinguer l'Essentiel de l'Existentiel, ainsi que le rôle que chaque pôle peut respectivement jouer dans la vie : comment les distinguer, où s'enraciner, etc. Tout ça, c'est le travail du mental.

En outre, il y a là un Moi qui est au-delà de l'existence et de l'Essence. Par exemple, j'ai une lettre à écrire et c'est l'heure de ma méditation. Qui est-ce qui juge ce que je dois faire ? Il y a cette lettre inévitable, comme est inévitable la promesse que j'ai faite de faire ma méditation. Qui est celui qui décide ? C'est très intéressant de se poser cette question. Car il y a en nous quelque chose qui est au-dessus des deux pôles. Qui est ce Moi ? C'est un problème qu'il faut vraiment se poser.

Eh bien, il s'agit du témoin de la conciliation possible entre les exigences différentes. C'est la voix d'une conscience. C'est elle qui finalement donnera l'ordre et sera l'unité possible entre le pôle essentiel et existentiel.

Le rôle de cette conscience est de dire quelle sorte de Moi doit s'exprimer : essentiel ou existentiel ? Elle prend la décision : « Est-ce que je dois écrire cette lettre ou est-ce que je dois faire ma méditation ? » Les deux ont le même poids dans ma vie actuelle. Alors qui décide ? C'est celui que je crois représenter la conscience du Tout, qui peut être le résultat de cette vie.

Mais c'est un problème très difficile. Toutes ces questions sont très délicates, parce qu'elles présupposent pour les comprendre une personne qui ait déjà eu une expérience mystique. Sinon, elle dit : « C'est du baratin. » Que voulez-vous faire avec une personne pareille ? J'ai d'ailleurs déjà dit beaucoup de choses qui présupposent une petite nostalgie.

Ce dont il faut prendre conscience, c'est que dans la mesure où nous gagnons le contact avec notre Etre, notre vie gagne en largeur, en profondeur et en hauteur. Et que sans cette racine, notre vie est très étroite, superficielle et coincée, et sans ampleur. Mais qui a ce contact ?

— *Le mental, c'est également la pensée objectivante, logique, rationnelle, celle qui organise le monde et exclut le cœur de l'homme.*

— Le rationnel, c'est la force de pouvoir distinguer. Si vous pouvez faire la distinction entre la profondeur de l'homme et sa vie superficielle, alors c'est que vous pouvez vous rendre compte de votre situation telle qu'elle est et trouver un langage qui puisse exprimer le résultat de votre recherche.

Vous ne pouvez pas disposer des choses que vous n'avez pas. Le mental chez un homme trouve ses limites dans les limites mêmes de l'esprit de cet « être-là ». L'un a une cervelle d'oiseau, l'autre est un sage. Comment voulez-vous tout mettre sur un même plan ? Il n'y a pas un problème de la vie qui ne soit différent pour l'un ou l'autre.

— *Nous sommes aujourd'hui submergés par les informations et les connaissances. N'y a-t-il pas un danger « d'overdose » ?*

— L'homme aujourd'hui reçoit tant d'informations intéressantes qu'il peut se noyer dans ce trop. On est perdu si on veut tout savoir. Une seule revue peut vous prendre une semaine, si vous voulez la lire du début à la fin. Il y a mille choses qui sont intéressantes et qui submergent l'esprit.

Là se pose justement la question de savoir si vous avez en vous un centre qui vous dit : « Avant tout, il est nécessaire de ne pas perdre ta profondeur. A cause de la quantité de choses que tu veux faire ou savoir, la qualité de ton esprit sera endommagée. » Ayez une conscience qui sache distinguer ce qui est important de ce qui est intéressant mais superficiel.

C'est aujourd'hui comme une maladie d'être étouffé par la quantité de choses qui se font entendre d'une voix si forte que vous ne pouvez éviter de les entendre. Ainsi les journaux vous attirent le regard avec des gros titres qui parlent de meurtres. La sagesse est de résister à cette tendance de tout dévorer, parce que cela vous gâte l' « estomac spirituel ».

— *C'est comme un bruit psychologique permanent.*

— C'est un bruit psychologique qui vous rend sourd vis-à-vis de la profondeur des choses un peu fines et délicates. Finalement votre oreille n'entend plus que ce qui est très fort. Vous n'avez plus d'oreille « pour entendre ce qui est beau ».

Aujourd'hui, pour beaucoup, la musique est un bruit infernal dans lequel on s'enferme comme pour chercher l'ivresse et l'intensité des sons. Et la musique cherche à éviter l'harmonie. La dysharmonie a gagné sur l'harmonie. La vie moderne recherche la dysharmonie, qui agite l'homme, le met face à des excitations intérieures grâce à ses cinq sens. Mais elle ne recherche surtout pas l'harmonie. L'art moderne est pour beaucoup une expression de l'agitation de la société.

— *L'harmonie, le délicat, la finesse : ce sont des termes qui reviennent souvent. La profondeur s'exprime-t-elle dans la subtilité ?*

— Plus une chose a de la profondeur, plus l'esprit qui l'entend doit être raffiné. Le bruit énorme élimine la chance d'un son très doux. Il se trouve dans tous les aspects de la vie moderne. La sexualité, par exemple. Avec la pornographie, toute délicatesse disparaît. La grossièreté blesse intérieurement. C'est cela la situation. Plus vous vous laissez toucher par des choses grossières plus vous détruisez les instruments très fins qui vous mettent à l'écoute des choses profondes.

— *Cela signifie que la profondeur se manifestant dans l'existence comporte une fragilité. L'essentiel est vulnérable face à l'existentiel ?*

— Bien sûr. C'est très important. Le bruit psychique est l'un des risques. Très peu de personnes connaissent le calme. Pour se taire et résister au bruit, il faut qu'elles soient mortes de fatigue. Tout se passe comme s'il existait une maladie dont les symptômes sont la recherche du bruit, de la grossièreté et du banal en général.

— *Nous aimons le bruit, mais pas le silence. De même notre société n'aime pas le vide. Elle fonctionne sur un principe de remplissage, qu'il s'agisse d'objets ou d'informations. C'est le cycle production-consommation-production, où consommer devient la condition indispensable pour produire.*

— Le vide est un grand problème. Il existe l'horreur du vide, mais aussi la bénédiction du vide. Le vide est la racine ou le fond des peintures tout en noir et blanc dans l'art japonais. Si vous demandez à un Japonais : « Quel est le plus important dans ce dessin ? » il met le doigt sur le vide, mais pas sur l'arbre, une branche ou un oiseau. C'est le vide qui fait vivre ce qui n'est pas la Vie.

Alors le vide est très important. Dans le zazen par exemple, dans la méditation, ce qui compte c'est de pouvoir faire le vide, c'est-à-dire se débarrasser de tout ce qui est objet de la pensée. C'est dans le vide que peut paraître la « petite voix » du Transcendant. Dans ce qui est vidé de tout bruit, dans le silence. Le vide et le silence vont ensemble. C'est le silence qui est l'arrière-plan sur lequel se fait entendre le divin. Dieu parle dans le silence. Voilà la grande parole de Maître Eckhart.

— *Et Dieu est présent dans le vide...*

— Une des premières règles de la méditation c'est d'essayer de vider votre esprit de toute image, de toute pensée, de toute préoccupation. Ce n'est que dans le vide total que tout à coup peut apparaître la Transparence profonde. Ce n'est que là où le Moi sort, que Dieu entre, dit Maître Eckhart. Le Moi est le représentant de tout ce qui est « beaucoup », c'est-à-dire ce qui peut être compris par le rationnel. La définition du Moi : c'est le centre des pensées, des connaissances, d'images, d'inquiétudes et de désirs. Le moi existentiel en est rempli et tout cela doit disparaître afin que l'homme entende le divin. Le superficiel empêche d'entendre la profondeur.

Le mot « vide » indique un passage. Ce n'est pas le vide qui compte. C'est un passage. Vous ne pouvez pas couper un morceau de viande sans couteau. Mais le couteau n'est pas la viande. Le vide, ce n'est pas en soi-même qu'il faut chercher, mais c'est une des conditions par laquelle nous pouvons nous débarrasser de ce qui nous bloque le chemin. Mais je n'ai rien contre le fait d'avoir avec soi pendant la méditation un mantra, c'est-à-dire une parole qu'on répète, qu'on répète. Car le sens d'une prière répétée, c'est d'effacer le rationnel et au fond de faire le vide. La méditation, c'est la répétition bien ordonnée dans une attitude bien dirigée. Les Protestants disent : « C'est mécanique, il n'y a rien dedans. » Ils ne comprennent pas. Un jour au Japon nous passions devant un temple où il y a une de ces sectes qui répète toujours la phrase : « La paix du Bouddha. » Le créateur de cette secte la répète 70 000 fois par jour. Je dis : « C'est donc ainsi : ils répètent : “ la paix du Bouddha. ” » Le maître répond : « Attention, il n'est pas tellement important qu'ils disent “ la paix du Bouddha ”, mais qu'ils le répètent éternellement. » C'est dans cette répétition que s'éveille la plénitude, parce qu'il y a le vide des pensées et des images. C'est un problème fondamental aujourd'hui. Les gens sont accaparés par des choses superficielles qui les rendent incapables d'entendre la petite voix de la profondeur. Ils ne peuvent rester deux minutes dans le vide et le silence et sans rien faire.

— *Il est dit dans le* Tao-tö king *: « En ne faisant rien, il n'y a rien qui ne se fasse. » C'est-à-dire : c'est en n'agissant pas que les choses se font.*

— Les choses divines ! Il faut s'arrêter de faire pour recevoir ! L'homme dit par exemple : « C'est un travail de trouver sa profondeur. Il faut chercher le divin. Il faut chercher son Etre. » C'est absolument faux. L'Etre divin vient vers nous : on doit se laisser trouver. On ne doit pas dire : « Je cherche Dieu », mais : « Je voudrais me laisser trouver par Dieu. » C'est l'Etre qui vous cherche.

Il y a cette histoire de l'homme qui toute la nuit essaie d'enfoncer la porte derrière laquelle il croit déjà entendre la voix des anges. Et il peine à pousser la porte. Finalement, mort de fatigue, il tombe en arrière, la poignée de sa porte dans la main et s'aperçoit que la porte s'ouvre vers lui. Mais elle ne s'ouvrait pas dans l'autre sens !

Vous devez donc permettre à l'Etre de venir vers vous. En le cherchant, vous le repoussez de l'autre côté.

— *Laisser faire est peut-être ce qu'il y a de plus difficile car aujourd'hui nous vivons le privilège de l'action.*

— On dit : « C'est un homme d'action. » C'est une parole bien d'aujourd'hui. Il y a un excès du « faire » qui élimine la chance de « devenir ». « Faire » et « devenir », c'est comme la distinction entre « avoir » et « être ». Gabriel Marcel a d'ailleurs écrit un ouvrage qui s'appelle

Etre et Avoir[13]. Il faut pouvoir distinguer ce que l'on doit avoir et ce que l'on devrait être. L'avoir est un obstacle à l'être.

— *Mais il ne suffit pas de distinguer l'être de l'avoir. L'autre question, c'est qu'on ne peut aborder l'être comme l'avoir.*

— Pour avoir, vous devez interroger votre conscience rationnelle. Pour trouver l'Etre, vous devez éliminer votre conscience rationnelle ! Totalement !

Cela commence avec l'amour. L'amour n'est vraiment l'amour que s'il n'est pas accompagné d'un désir. La communication, la communion entre deux êtres ne sera profonde que si ni l'un ni l'autre ne veulent gagner quelque chose par cette communion.

Le grand maître Suzuki était ici un jour, au moment où je reçois un télégramme de Munich me demandant de donner une conférence sur la sagesse orientale. Alors je demande au maître Suzuki : « Pourriez-vous me dire en deux mots ce qu'est la sagesse orientale ? » Il sourit et me répond : « Oui. Le cerveau occidental regarde au-dehors. La sagesse orientale regarde au-dedans. Mais si vous regardez en dedans comme vous regardez au-dehors, alors vous faites du dedans un dehors. »

C'est très intéressant. Cela veut dire que si vous considérez votre intériorité d'un œil nourri par le rationnel, vous en faites un objet.

Le contenu de la sagesse devient un objet ou disparaît. Mais, en tant qu'Européen, il est difficile d'imaginer une présence qui ne mette pas en jeu le regard objectivant.

Et que reste-t-il si les objets extérieurs s'en vont ? On ne peut alors se passer d'avoir des objets devant ses yeux intérieurs.

C'est là le caractère de la sagesse orientale. Prenez Tchouang Tseu ou qui que ce soit. La tradition orientale se trouve dans de petites poésies ou des histoires très courtes et cherche à donner une histoire de façon telle que la moindre participation de notre pensée rationnelle détruise tout sens. Un seul grain de ce qui est rationnel détruit le charme et la valeur d'une histoire chinoise ou japonaise. La sagesse orientale nous arrive à travers des petites histoires, des poésies. Mais c'est la même chose pour la poésie européenne. On ne peut pas la comprendre avec notre conscience rationnelle. Cela fait vibrer une corde en nous-même qui s'éteint au moment même où nous laissons entrer notre conscience rationnelle.

— *N'est-ce pas la même chose pour comprendre les paraboles dans les Evangiles ?*

— Bien sûr. C'est le problème de l'exégèse qui est au fond le travail pour comprendre le sens profond d'un écrit religieux, la Bible par exemple. J'ai connu un exégète qui répétait que la condition même pour pouvoir faire une exégèse c'est d'avoir eu une expérience de l'Etre. Autrement, il fera un travail de philologue mais ne comprendra jamais le sens profond.

La sagesse ne commence que là où les objets et les résultats s'en vont. La conscience objectivante : c'est ce que découvre l'enfant au moment où il commet le « péché originel ». C'est ce dont parlent les Hindous lorsqu'ils parlent de *Maya*[14] : c'est ce qui vous met la nature en ordre et ce qu'on éprouve dans un ordre cartésien où chaque chose a sa place dans un ensemble bien ordonné.

— *On parle de « sagesse orientale ». Mais n'y a-t-il pas chez nous une sagesse occidentale, dont la forme extérieure nous serait propre ?*

— C'est la grande question. Peut-on parler de deux sortes de sagesses ? Ou la sagesse est-ce justement un don qui se trouve dans la profondeur de l'esprit de l'homme ayant la qualité de la distance ? Qui ne se laisse pas prendre. Qui a un certain recul vis-à-vis de ce qui lui arrive. Qui n'agit pas sans une prudence de l'esprit. Qui ne s'engagera pas d'une façon qui supprime cette distance. La sagesse, aussi, est-ce une distance entre vous et ce qui se passe autour de vous. Les choses ne vous prennent pas, vous gardez toujours votre équilibre. La sagesse c'est un équilibre de l'esprit.

Grâce à cet équilibre, elle permet aux choses profondes de se développer en vous-même. Elle s'exprime dans une décision que quelqu'un qui n'aurait pas la sagesse n'aurait pas prise. Par exemple, il y a quelque chose qui vous tente, que vous voudriez acheter ou faire. Peut-être est-ce que ça peut vous rapporter beaucoup d'argent, mais il y a une petite voix qui dit : « Attention, peut-être peux-tu gagner beaucoup d'argent, mais peut-être est-ce que cela va te blesser dans l'Etre profond. » Voilà l'expression de la sagesse qui, grâce à une certaine distance empêche l'homme de tomber vite sur quelque chose qui le tente, sur le plan superficiel. Elle lui donne un recul fructueux.

— *Nous entendons souvent parler de cette distinction entre « l'occidental » et « l'oriental », mais en fait, sur quoi est-elle fondée ?*

— L'Orient et l'Occident ne doivent pas être compris comme indications géographiques. Il y a l'Orient et l'Occident en nous-mêmes.Ce sont deux façons de voir la vie et de la vivre. L'esprit occidental est marqué par le rationnel, par les facultés extraordinaires de sa conscience conceptuelle. Tandis que l'Orient est défini par une sorte de conscience qui vous apporte la sagesse. Mais en l'homme, on trouve ces deux qualités de l'Orient et de l'Occident.

Les Japonais maîtrisent aujourd'hui très bien les techniques pour fabriquer des voitures ou des ordinateurs. Nous-même nous effaçons notre côté oriental à cause de notre savoir-faire. Pourtant nous avons le poète, le peintre ou le sage également. Les qualités d'une œuvre d'art peuvent être plutôt orientales. Seulement les différences entre l'Orient et l'Occident comme civilisations deviennent moins visibles. Les entreprises orientales et occidentales sont organisées de la même manière. Mais l'Orient, c'est une réalité de l'être humain. L'expérience mystique de Maître Eckhart, le langage dont il se sert, c'est le langage mystique universel. Ce sont toujours les mêmes choses. La nuit, par exemple, la mort, l'éveil, la naissance, la renaissance, la vie ou le vide. Tout ça ce sont des mots qui se retrouvent partout...

Cette Réalité, c'est elle qui nous cherche. Nous avons l'impression de la rechercher mais en réalité, c'est la réponse à une recherche qui se fait en nous-même. Pour moi la notion principale est liée à ce besoin que j'ai ressenti, en revenant de l'Orient, de réunir l'Orient et l'Occident, c'est la transparence pour la transcendance intérieure. C'est l'expérience de l'Etre.

A propos de l'Occident, il est curieux que la plupart des philosophes modernes n'aient pas eu d'expérience essentielle. Ce sont de grands intellectuels, des savants. Certains sont très intelligents, mais ils n'ont jamais touché l'Au-delà.

J'ai chez moi un vase qui a été fait par un grand céramiste japonais du siècle dernier. Quand il est mort, on a transformé son atelier avec ses fours en endroit sacré, car c'est un homme qui faisait ses vases en contact avec cet Au-delà. C'est ce qui faisait qu'un maître était un maître. Nos poètes ont aussi des moments où ils sont en contact avec la profondeur.

Mais vous pouvez traiter un sujet très intelligemment sans toucher l'Etre. De même, vous pouvez être d'une grande bonté, mais n'avoir rien à faire avec l'essentiel. Ou inversement vous pouvez être un vaurien et avoir une qualité issue de votre profondeur.

Tout ce qui a fait la grandeur de l'Occident : l'art, les grands systèmes philosophiques, la technique, la science, est en même temps basé sur une direction de notre esprit qui élimine le développement intérieur. Les trois personnes qui ont à faire avec l'être humain : l'éducateur, le médecin et le prêtre, pendant leur formation à l'université n'entendent pas une seule conférence sur l'Etre humain, sur l'homme intérieur. Par exemple, ils ne savent rien du féminin en nous.

— *L'Occident vivrait donc en distorsion avec la dimension intérieure ?*

— L'accord entre le moi existentiel et l'Essentiel n'est pas nécessairement en accord avec les problèmes éthiques. Une sorcière est un être qui vient de l'au-delà au même titre qu'un saint. Le diable également est une figure qui n'est pas de ce monde. L'être enraciné dans la profondeur n'est pas nécessairement conforme à l'éthique sociale, parce qu'en même temps que le divin, il y a le « diable ».

— *L'éthique sociale n'est pas non plus toujours en accord avec les exigences qui proviennent de la profondeur ?*

— Prenons par exemple la conscience du bien et du mal. C'est le reflet de ce qui est valable ou pas dans la société. Mais il existe une conscience absolue qui vous conduit à avoir un comportement impossible du point de vue de l'éthique normale. C'est l'histoire du jeune homme dans l'Evangile qui veut suivre le Christ et lui dit : « Excuse-moi, mais demain il faut que j'aille encore à l'enterrement de mon père. » Et Jésus fâché lui répond : « Si tu veux me suivre, laisse donc les morts enterrer les morts ! » Que dit-il par là ? Il dit : « Jette ce qui sur le plan existentiel est la chose la plus importante au monde. »

J'ai moi-même connu cette situation dans ma vie, lorsque la conscience absolue me mettait en opposition du point de vue de la société. Il s'agit alors de lâcher prise avec tout ce que vous êtes en tant que citoyen, avec ce qui vous donne votre position dans la société. C'est un lâcher-prise énorme.

— *Comment est-il possible d'avoir une vision claire de ces enjeux dans la mesure où la vie profonde a toujours une résonance sur la vie existentielle et réciproquement ? Les cartes sont brouillées...*

— Si vous êtes branché sur une certaine profondeur, les problèmes ne se posent plus de la même façon que si vous ne l'étiez pas. Pour y répondre, il faut savoir de quelle manière vous considérez cette question personnellement. C'est une question de conscience personnelle. C'est elle qui fera la décision. Prenons un exemple banal : les impôts. Beaucoup de gens se disent que s'ils devaient payer tout ce que l'Etat leur réclame, ils seraient ruinés. Alors ils font de fausses déclarations d'impôts. Cela ne les gêne pas.

Autre exemple : sainte Thérèse se demandait à propos de sa soupe qui était presque de l'eau et qu'elle aimait manger, si ce n'était pas déjà un péché que d'avoir un tel plaisir. Voilà une conscience qui va trop loin dans ce sens. Aujourd'hui, on dira plutôt : « Satisfaire mes désirs c'est tout à fait normal. »

— *Où se trouve le juste milieu ?*

— Il n'y en a pas. Il n'y a pas de milieu entre ces attitudes. C'est chacun qui doit trouver sa propre réponse. La règle importante, c'est que l'homme reste dans sa Vérité. C'est cela que signifie la phrase : « Si tu veux pécher, pèche fortement. »

L'homme agira dans sa vérité, même si celle-ci est contraire à la conscience de la société. Il peut par exemple se fâcher mais se dire : « Je ne dois pas montrer que je suis en colère. » Un autre dira plutôt : « Je suis fâché, c'est une hypocrisie si je ne le montre pas. »

— *En fin de compte, l'homme se trouve à la fois sur deux plans, existentiel et essentiel. C'est ce que vous appelez la double origine. Pascal, parlant de l'homme « ni ange, ni bête », ne disait-il pas la même chose ?*

— C'est la même chose, mais « ange » et « bête » c'est en même temps une qualification morale. L'ange est extrêmement beau. La bête c'est l'inverse. Tandis que si je parle de la double origine de l'homme, je dis qu'existe l'origine qui se manifeste dans son Etre profond et l'origine qui est le résultat du « péché originel », donc de la conscience objectivante. Car l'homme qui est enraciné dans le Divin a quelque chose d'angélique. L'homme lui-même n'est pas l'ange, mais il a en lui de l'ange.

CHAPITRE III

« *Cela me touche* »

— *C'est donc d'une sagesse dont vous parlez. Quelle est la part de l'expérience dans cette sagesse ?*

— D'abord la sagesse orientale peut nous faire sentir la Réalité qui s'efface dès que notre conscience conceptuelle entre en jeu. Tout ce que nous comprenons avec notre tête, avec une conscience pour laquelle n'est réel que ce que l'on peut fixer et, comme dit Descartes, ce qui s'enchaîne dans un ordre de concepts bien ordonnés. Tout cela fait disparaître la réalité de la vie. La logique « A + A = B », « A est non B » et « B est non A », est fausse pour chaque chose vivante. Parce que tout ce qui est vivant n'est jamais A et n'est jamais B, n'est pas encore tout à fait A ou n'est plus tout à fait A.

Mais ce qui est encore pire, la réalité de l'Au-delà disparaît de notre conscience dès que nous posons la question : « Qu'est-ce que c'est que ça ? » Dès que la Réalité divine monte dans notre conscience, il ne faut jamais la toucher avec notre conscience conceptuelle. Parce que c'est là le « péché originel » : c'est la découverte de la conscience rationnelle, sans laquelle l'homme ne serait pas l'homme, mais qui en même temps coupe le cordon ombilical avec l'Etre.

— *Il ne s'agit donc pas d'une croyance ?*

— Evidemment qu'il ne s'agit pas d'une croyance. Vous savez, aujourd'hui l'Eglise elle-même recommence à prendre au sérieux l'expérience. La théologie est devenue dure, une prison. Beaucoup de théologiens qui sont passés à Todtmoos disent : « Nous sommes prisonniers d'une théologie qui ne permet pas au théologos de nous toucher. » Qui sommes-nous ? Qu'y a-t-il à faire ? Suivre le Christ, ce n'est pas seulement faire du bien dans le monde. Il faut se réaliser soi-même. Il y a en nous-même quelque chose que l'on doit reconnaître comme étant spirituel. C'est là que se distingue la croyance de la foi. Les Anglais ont deux mots : *belief* et *faith*[15]. Il y a une différence entre la religion qui est basée sur un enseignement et l'expression d'une expérience.

Pour donner un exemple, voilà une sœur supérieure de Capucines qui est venue à Rütte. Trois semaines après son départ, elle m'écrit dans une lettre : « Le plâtre commence à tomber en moi. » Qu'est-ce que le plâtre ? Cette croyance qui consiste à ne croire rien d'autre que ce qu'enseigne l'Eglise. Naturellement, il y aura toujours l'enseignement, mais l'enseignement sans expérience ne dit pas grand-chose. Pour revenir à Maître Eckhart, vous savez qu'il a été condamné pour hérésie. Dans un discours fait à la fin de ses recherches à ses confrères, il leur dit : « J'ai eu un rêve cette nuit. J'ai vu le Christ entouré de grands murs. Que sont ces grands murs ? Ma croyance », dit-il. Réponse effrayante pour ses confrères. Mais il y en a un qui se lève et qui dit : « Je te comprends. Toi tu as trouvé la réalité divine de telle façon que pour toi l'enseignement est un mur qui t'empêche de toucher la Réalité. Mais, pour nous, l'enseignement de l'Eglise et la croyance sont les murs qui nous protègent pour ne pas tomber dans l'hérésie. » C'est une situation qui se voit encore aujourd'hui.

L'Etre essentiel que nous sommes situe la façon dont est présent le Divin, le Christ ou Dieu si vous préférez, en nous-même, et désireux de se développer. Il y a de plus l'expérience mystique et l'expérience initiatique.

— *Quelle différence faites-vous ?*

— René Guénon fut le premier à attirer l'attention sur cette différence. L'expérience mystique, c'est un cadeau de la grâce, pour ainsi dire, à l'homme mystique doué pour recevoir ce cadeau. L'expérience initiatique est tout autre chose. Chaque expérience initiatique est aussi une expérience mystique mais pose en même temps la naissance d'une nouvelle conscience. C'est un appel qui dit la chose suivante : « Tu as senti que tu es dans ta profondeur. Mets-toi en chemin, accepte l'exercice spirituel, deviens le chemin qui finalement aboutit à une réalisation de ta personne. Deviens témoin du divin dans le monde. »

— *L'expérience initiatique, mystique, est-ce que tout cela ne fait pas penser aux sectes et au fanatisme ?*

— Les temps modernes se transforment car de plus en plus de personnes s'éveillent à la profondeur du divin. Cela crée une certaine atmosphère qui est aussi la cause de la création, un peu partout, de cercles soi-disant spirituels et qui parlent d'expériences, de sectes qui sont un danger pour ceux qui en ont la nostalgie. Ils sont victimes des sectes qui font d'une réalité quelque chose de factice.

Mais il ne faut pas accuser la vérité parce qu'existe le mensonge.

Le fanatisme se développe toujours à partir du moment où on fait d'une expérience religieuse un concept ou un enseignement. Si l'Eglise catholique dit : « Ne pas croire que nous n'avons qu'une seule vie est une hérésie ou un péché », voilà déjà une sorte de fanatisme concernant la façon d'expliquer et de se servir de la puissance et de la réalité divine.

Aujourd'hui, il y a des sectes qui sortent de partout comme des champignons dans une forêt bien humide. Chaque secte se prend pour la représentation seule légitimée. Signe d'un fanatisme qui montre un cerveau et un cœur étroits.

— ***Y a-t-il des domaines particuliers où un homme peut faire ce type d'expérience initiatique ?***

— Il y en a quatre. Tout d'abord, dans la nature. Pouvoir ressentir quelque chose de différent dans le silence d'une forêt. Vous vous trouvez dans une forêt et tout à coup vous vous arrêtez. Vous êtes pris par le silence qui vous entoure. Ce silence devient encore plus fort si subitement un chien aboie au loin ou si vous entendez une voiture. Sur l'arrière-plan de ces petits bruits, le silence peut être tellement fort, énorme, que vous vous sentez « transporté » vers l'autre Réalité. Cela peut être aussi l'orage, les étoiles la nuit, ou le souffle du vent, une petite brise. Il y a dans la « grande nature » mille possibilités de s'arrêter pour être touché plus profondément.

En second, vient l'érotisme. L'érotisme qui n'est pas seulement l'intensité d'une expérience sexuelle. C'est surtout dans la caresse que l'homme ou la femme peuvent ressentir quelque chose de très profond. Je fais toujours la différence entre l'érotisme et la sexualité. La sexualité peut être intense mais, disons, sans goût, sans timbre de l'au-delà. Alors que c'est cela qui fait justement la sensation de la caresse érotique.

Ensuite, il y a naturellement l'art. Chaque œuvre d'art est transparence d'une Transcendance. Autrement, c'est une croûte. Quelqu'un me raconte un jour qu'au musée il s'assied devant un tableau et reste devant sans bouger durant trois heures. Alors quelque chose d'énorme s'empare de lui. Voilà une expérience transcendantale de l'art. Mais on n'a pas nécessairement besoin de trois heures, ce n'est pas toujours une question de temps. Il y a très peu de personnes qui ne soient touchées un jour ou l'autre par la musique, par exemple, qui, dans une symphonie, ne se sentent « transportées », comme on dit en français. C'est une expression très juste.

On dit banalement de l'art que c'est « beau ». Mais il est très curieux que ce terme, « beau », soit aujourd'hui effacé du langage. On ne dit plus « c'est beau », on dit « c'est fort », « c'est authentique ». Bon signe au fond, qui signifie que par l'art, si c'est vraiment de l'art, transparaît la transcendance intérieure. Naturellement, il faut avoir une « oreille ».

Le quatrième domaine se situe dans le culte d'une religion, quelle qu'elle soit. Car c'est dans le culte que l'homme qui adhère à une religion trouve une suite de gestes, de mouvements, de chants, qui ont pour fonction de faciliter le moment où l'homme se sent touché par le « Tout Autre ».

— *N'y a-t-il pas un cinquième domaine somme toute très banal qui serait l'ensemble des gestes et des actes de la vie quotidienne ?*

— Tout à fait juste : la tradition japonaise dit que « chaque situation est la meilleure des occasions pour ressentir l'Etre ». De même, il y a cet autre principe japonais : le sommet d'une technique maîtrisée n'est pas de pouvoir effectuer une grande performance mais de faire un pas en avant sur le chemin intérieur. Ces deux idées résument le rôle du quotidien.

Il est malheureux qu'en Occident, on ne voit que la performance, alors que pour la tradition orientale, ce que nous appelons le sport est en même temps la chance de ressentir la transcendance. C'est au sommet de la performance technique, lorsque le mouvement se fait par soi-même et que le moi n'a plus besoin d'avoir peur de rater, mais fait son travail finalement sans « être là », c'est à ce moment-là qu'il y a la chance d'une expérience profonde.

Moi-même j'ai pratiqué pendant des années le tir à l'arc. J'ai peut-être lâché quatre ou cinq flèches où ce n'était plus moi qui tirais mais une réalité plus profonde qui me traversait.

— *Certaines drogues permettent-elles de faire ces expériences plus facilement ?*

— C'est un fait que le L.S.D., par exemple, peut, pas toujours, faire connaître des expériences où le moi est éliminé par la drogue. On peut faire une expérience inouïe de quelque chose qui dépasse l'horizon de notre ego, peut-être quelque chose de divin. Mais les expériences faites grâce à la drogue ne sont pas « légitimes ». Qu'est-ce qui fait la légitimité d'une expérience ? La naissance d'une nouvelle conscience qui nous fait ressentir tout de suite que cette expérience correspond à une langueur, à une nostalgie, et représente une tâche. De sorte que, dès que vous connaissez une expérience de ce type non parce que quelqu'un vous le dit, une autorité quelconque, mais parce que vous le ressentez en vous-même, il s'agit alors de vous consacrer à un développement de votre être qui le rendra capable de manifester continuellement ce qu'il a ressenti pendant un instant.

Où que ce soit, vous pouvez être dans une attitude qui est juste ou fausse. Il n'existe pas sur le chemin intérieur de séparation entre l'existentiel et l'essentiel. Le créateur se fait voir dans la création. Aussi, le conditionné est ce dans quoi le non-conditionné doit se manifester.

Il n'y a aucune expérience de l'être légitime sans l'éveil d'une nouvelle conscience. L'expérience des drogués est aussi une expérience de l'Au-delà mais elle n'est pas légitime parce qu'elle n'éveille pas une nouvelle conscience. Cela reste quelque chose auquel on a goûté. Grâce à la drogue, on a vu quelque chose mais ce n'est pas légitime parce que cela entraîne toujours le danger de vouloir répéter cet état, cette expérience qui doit se manifester par un travail personnel.

— *Ces expériences, ne sont-elles pas du domaine d'une subjectivité tout à fait personnelle et facile ? Par exemple, le plaisir...*

— Qu'est-ce que signifie des jeunes qui vont danser ? Leur plaisir. Cela fait partie de leur vie. Ils se donnent dans des mouvements. C'est une façon d'être ensemble. Cela leur donne de la joie. Je crois qu'il y a le plaisir, il y a la joie et il y a le bonheur. Et l'homme a un droit au bonheur. Mais pour trouver le bonheur, qui est autre chose que la joie, laquelle est autre chose que le plaisir, il faut vraiment travailler sur soi-même parce que le bonheur ne dépend plus des choses extérieures.

Alors que veut dire : « Ce n'est que subjectif ? » Une poésie par exemple éveille en nous des sentiments plus ou moins profonds, c'est-à-dire des réactions de l'intériorité qui sont plus ou moins profondes. Non mesurables, c'est une qualité à éprouver. Finalement ce sont les qualités des sentiments et leurs profondeurs qui indiquent la profondeur de la personne et ce qu'elle vaut en tant que sujet. L'homme en tant que « sujet » n'est pas « que subjectif ». Il est celui qui vit selon certaines valeurs qu'il respecte, celui qui fait la différence entre des sentiments superficiels et des sentiments profonds. La profondeur d'un sentiment dépend de la façon dont l'être humain tout entier est engagé totalement ou non dans ce sentiment. L'homme peu profond n'est engagé que dans sa surface. Il peut avoir une sexualité très intense mais qui a moins de profondeur qu'une caresse sublime. Donc le développement intérieur de l'homme dépend du contact qu'il a avec sa profondeur dans le monde du travail et dans sa vie quotidienne.

Naturellement, la plupart des acquis éliminent le contact avec le cœur, il s'agit seulement d'un savoir-faire. Qu'il s'agisse d'un savoir-faire avec ses mains ou avec son cerveau. Il s'agit de savoir, de pouvoir et d'avoir certaines choses sans aucun regard sur ce que l'on est.

Là se trouve tout le superficiel de notre quotidien. L'homme qui rentre chez lui le soir, s'il a encore une onde un peu profonde, se met à lire ou à peindre. Tous les grands scientifiques par exemple ont une activité artistique dans laquelle ils s'engagent. Car celui qui se sert de ses capacités rationnelles n'est pas nécessairement un rationaliste. Quelqu'un qui sait se servir de son intelligence n'est pas forcément un « intellectuel ». Il faut faire cette différence. Celui qui « sait faire », on ne peut pas dire de lui tout simplement : il n'est « que » ce qu'il sait faire. Finalement, le « savoir bien faire une chose » peut aussi arriver à ouvrir la chance d'une profondeur.

Nous disions que, selon la tradition japonaise, une technique vraiment parfaite a comme sens non pas une performance extraordinaire mais un pas en avant sur le chemin intérieur. Qu'est-ce que cela veut dire ? Si vous savez vous servir d'une technique d'une façon parfaite, le petit moi n'a plus besoin de s'engager. Il n'a plus peur de rater le mouvement. Il peut faire confiance à ce qu'il sait faire. Il n'est plus engagé en tant que moi.

Par exemple, dans le tir à l'arc, la technique parfaite vous permet, peut-être après des années, de lâcher la flèche sans que le moi intervienne. Vous prêtez votre technique à une force plus profonde en vous-même qui lâche la flèche sans dépendre du moi. Ce qui peut vous donner tout à coup un sentiment sublime, une joie immense. Vous faites alors une expérience de l'Etre divin.

— *Est-ce que cela veut dire que chaque personne en recherche devrait chercher à posséder une technique, quelle qu'elle soit ?*

— Ce n'est pas nécessaire. Il n'y a pas que la technique. Il y a d'autres façons de trouver sa profondeur.

— *Par exemple ?*

— Par la méditation. La prière. Par le fait de se plonger dans la profondeur d'un livre qui exprime le contact de l'auteur avec « l'au-delà ». Il y a la poésie. Il y a la musique. Bref, il y a tout ce qui nous touche. Dès que vous pouvez dire : « Cela me touche », il y a une réalité profonde qui s'exprime.

— *Est-ce que cela peut se trouver dans des choses aussi simples que faire la cuisine, bricoler ou mettre une lettre à la poste ?*

— Absolument. Je m'occupe beaucoup de cela lorsque je parle du « quotidien comme exercice ». C'est bien autre chose que de l'exercice que l'on fait pendant le quotidien. Par exemple, les moines soufis, cinq ou six fois par jour, doivent s'agenouiller par terre et s'incliner devant Mahomet. C'est un exercice au cours du quotidien. Mais le quotidien en tant qu'exercice veut dire que votre façon *d'être là* peut être une attitude qui maintient le fil d'or avec votre profondeur. Il peut s'agir de laver une assiette, de faire le ménage ou quoi que ce soit. Vous pouvez arroser une fleur sans que votre esprit y soit engagé totalement, simplement parce que la fleur a besoin d'eau. Mais vous pouvez en faire un geste d'amour, c'est tout autre chose. Vous pouvez faire le ménage d'une façon superficielle en pensant à autre chose. Mais vous pouvez également vous y engager d'une telle façon que cela développe votre intériorité. C'est cela, un travail sur soi-même.

Chaque chose que nous faisons a deux côtés : ce qui en sort et ce qui y rentre. Vous lavez une assiette. Ce qui en sort c'est que l'assiette soit propre. Mais vous pouvez aussi vous nettoyer intérieurement, vous purifier en faisant cela.

Vous mettez une lettre à la poste : vous pouvez le faire en laissant tomber la lettre dans la boîte. C'est là le côté extérieur du geste. L'autre côté, disons intérieur, est d'avoir parcouru les cinquante mètres jusqu'à la boîte aux lettres d'une façon qui vous mette en ordre intérieurement. Poster une lettre devient alors une chance de gagner quelque chose pour soi-même. Chaque situation devient alors la meilleure des occasions pour établir un contact avec votre profondeur. Les Japonais disent également qu'afin que quelque chose puisse gagner une valeur intérieure transcendante, il n'y a que deux conditions qui doivent être remplies : cela doit être simple et cela doit pouvoir être répété. C'est pourquoi la respiration joue un tel rôle dans toutes les religions qui tiennent compte de ces expériences. Bien maîtriser la respiration et le faire consciemment peut remplacer la prière la plus profonde.

— *Est-ce qu'un travail banal, répétitif, rationnel et qui exclut la profondeur, telle que vous en avez parlé, peut aussi être une occasion de toucher la profondeur ?*

— C'est justement ce que je veux dire. Ici à Rütte, il y a un peintre en bâtiment qui répète des milliers de fois le même mouvement. Je le connais depuis longtemps et il est très intéressé par tout ce qui touche à la profondeur. Eh bien, il a compris que répéter, répéter tout le temps le même geste peut être fait comme une prière, qu'il se trouve alors dans un état d'une grande profondeur et pas du tout fatigué par un automatisme.

Mais c'est également valable pour la dactylo qui tape toute la journée sur une machine à écrire. Elle tape. Elle entend le bruit des autres machines. Cela lui demande une attention intellectuelle. Peut-elle encore se mettre à l'écoute de sa profondeur ? Absolument.

Si vous saviez le nombre de fois où je suis passé dans des bureaux et où j'ai glissé ma main dans le dos des femmes qui tapaient à la machine. La plupart avaient les épaules en l'air et étaient bossues dans une sorte de crampe. Je passe ma main et voilà tout à coup que taper à la machine devient différent. Elles se mettent dans une bonne position parce qu'elles peuvent alors taper d'une façon qui ne les fatigue pas.

C'est là où il n'y a plus de difficultés techniques, où l'on n'a plus besoin de se servir de son cerveau que peut s'éveiller autre chose. Mais pour cela il faut avoir répété des milliers de fois la même chose. Lorsque j'étais au Japon, il y avait un grand artiste de théâtre à l'époque. Eh bien, depuis dix-neuf ans il jouait la même pièce. A chaque fois qu'il jouait, il pouvait approfondir son attitude.

— *L'homme aime à s'entourer d'un univers d'objets utiles et inutiles. Que peuvent-ils lui apporter ?*

— Si vous avez une vie intérieure très forte vous pouvez vous contenter d'un mur vide, cela suffit. Je me souviens d'une fois où, étant malade, j'étais à l'hôpital. Je regardais le mur de ma chambre, il était tout vide. C'était un mur blanc et dessus il y avait une tache noire. Eh bien, j'ai écrit toute une poésie sur la tache noire.

Mais vous pouvez aussi remplir votre chambre d'une foule d'objets qui n'ont pas de valeur financière mais seulement une valeur personnelle. Cela peut être dans un petit coin une pierre que personne n'aperçoit, mais qui évoque pour vous un souvenir important. Il y a des gens qui préfèrent être dans une chambre vide. Traditionnellement, les Japonais par exemple ne connaissent pas les tableaux et les cadres que l'on accroche au mur. Ils ont juste une niche dans leur chambre et suspendent là un kakemono.

— *Jusqu'où peut aller la résonance d'un objet, en soi ?*

— Si vous avez un chef-d'œuvre chez vous, ce n'est plus un plaisir, c'est une joie. Dans ma pièce, j'ai un dessin très beau d'un peintre japonais du XVIe siècle. C'est un dessin qui a une immense valeur, mais ce n'est pas pour cela qu'il m'intéresse. Le regarder me fait du bien. Du bien dans un sens profond. Il éveille ou fait résonner des cordes qui donnent une contrepartie à la surface de la vie.

— *Il y a un autre aspect de l'objet, celui de son contact...*

— J'ai vu une cérémonie du thé, pour la première fois, dans un monastère. Il y avait un moine, un prêtre bouddhiste et une paysanne pour aider. A la fin, j'ai demandé à la paysanne : « Qu'est-ce que ça vous apporte de participer à une cérémonie du thé ? » Elle m'a répondu : « Depuis que je peux aider à cette cérémonie, tous les objets de ma cuisine ont un sens complètement différent. » Le contact éveille en l'homme la possibilité d'une résonance. Si vous demandez à un maître : « qu'est-ce que la cérémonie du thé ? » il va vous répondre : « Ce n'est rien que de préparer une tasse de thé et de la boire. » En fait c'est une suite d'une cinquantaine de mouvements bien ordonnés dont chacun peut être fait d'une façon exacte. Vous avez une façon de secouer l'essuie-mains, de battre la poudre verte, etc.

— *Ne peut-on préparer un repas ordinaire de la même façon ?*

— J'ai fait un jour une visite dans une école. Le maître me dit de prendre place et arrive une élève avec le thé. C'était incroyable la façon dont elle l'a mis sur la table. Pas un seul bruit. Jamais on n'entendra une Japonaise poser une tasse de porcelaine sur une table. Elle prend la tasse avec une précaution extraordinaire, alors qu'il n'y a rien dedans qu'un peu de thé qui ne vaut rien du tout. C'est de l'eau chaude avec un peu d'herbe finalement. Mais voilà une façon de se servir des objets qui les respecte. Une attitude intérieure.

Ici à Rütte, je travaille avec une collaboratrice depuis une soixantaine d'années et parfois je participe à sa façon de faire le repas dans une petite cuisine. Elle commence, cela dure une demi-heure et puis le repas est prêt. Mais je n'ai pas entendu le moindre bruit. Elle pose les couverts sur la table avec précaution, de telle manière qu'elle ne heurte pas l'assiette. C'est aussi une discipline de respect vis-à-vis du silence qui règne dans la pièce. A ce moment-là le repas prend une autre dimension, devient une sorte de culte.

— *Ce que procure le repas, n'est-ce pas aussi le fait d'être en commun ?*

— Que voulez-vous dire par là ? Lorsque l'on mange seul, on peut être tout aussi bien qu'avec les autres. On n'est pas forcément dans une bonne attitude parce qu'il y a les autres.

Finalement, toutes ces questions dont nous parlons, on peut y répondre sur les deux plans, qu'il s'agisse de la famille ou de l'éducation des enfants. Par exemple, le couple qui se trouve sur le plan de la profondeur va d'emblée prendre au sérieux les joies de l'enfant, plus qu'un autre.

— *Mais chaque plan ne peut être dissocié l'un de l'autre. Il faut toujours considérer les deux en même temps ?*

— Naturellement, l'ermite doit manger au moins un petit peu. La nourriture est un problème existentiel qui reste valable pour lui. Il mange « un petit peu », mais manger pour lui n'est pas « essentiel ».

— *A tous les problèmes évoqués nous retrouvons donc celui d'une dimension intérieure de l'homme, une dimension différente. Quelle est-elle ?*

— Tous les problèmes qui concernent l'être humain gagnent aujourd'hui une autre dimension grâce à la découverte du fait que l'homme vit sa vie sur deux pôles : le pôle existentiel et le pôle essentiel. Du pôle essentiel, on ne commence à prendre conscience qu'aujourd'hui. Auparavant, le côté essentiel était réservé à la religion, c'est-à-dire à l'enseignement de l'Eglise.

Tous les problèmes qui concernent l'être humain se posent d'une autre façon s'il s'agit d'un homme qui a eu une expérience de cette réalité profonde ou non. Par exemple à travers la souffrance. Le moi existentiel a peur de toute souffrance. Pour lui, l'individu qu'il faut devenir c'est celui qui a une bonne santé, grâce à laquelle il a une efficacité. Ce qui importe pour lui c'est de se débrouiller dans l'existence. Dès qu'il y a un gros problème, c'est pour lui la fin de la vie « normale ».

Alors que vous pouvez vous sentir touché dans des instants privilégiés par une Réalité immense qui vous met tout à coup dans un état de joie, de sécurité, de consolation et surtout d'une joie profonde que vous ne connaissez pas dans la vie existentielle.

Ce qui est curieux, c'est que bien souvent les souffrances ouvrent la porte à l'expérience de la réalité profonde, qui donne un sens à la souffrance.

Devenir un homme qui, grâce à la connaissance et à l'expérience de sa profondeur, gagne ce qu'on appelle le salut, ce chemin-là est un chemin de souffrance. C'est-à-dire que chaque pas en avant présuppose une petite souffrance. De sorte que la souffrance devient vraiment la source d'une force qui précède tout progrès sur le chemin.

Les expériences initiatiques créent toujours la naissance d'une nouvelle conscience, où il y a une petite voix qui vous dit : « Ecoute. Tu viens d'avoir l'expérience de quelque chose d'extraordinaire, cela ne doit pas devenir un bon souvenir. Mais c'est quelque chose qui te montre ton noyau le plus profond. Mets-toi en chemin. Accepte l'exercice d'une discipline et essaye de te transformer d'une telle façon que toi, en tant qu'être existentiel, tu sois capable de témoigner dans le quotidien de cette réalité profonde. »

Si l'homme accepte ce « conseil », il devient progressivement à partir de ce moment-là témoin de la réalité divine, dans le quotidien.

Cette expérience est à la base de toutes les religions du monde. Vous la trouvez dans le Bouddhisme, dans le

Shintoïsme, dans l'Hindouisme. Il n'y a qu'une Réalité universelle divine, mais ce sont les images des divinités qui sont différentes. Dans le Christianisme, nous avons le Père, le Fils et le Saint-Esprit. Cette Trinité de l'Etre se trouve dans toutes les religions, mais les images qui la représentent sont différentes. Le Bouddhisme se base sur la présence du Bouddha qui a créé une religion de l'Etre. Il y a le Bouddha, le Dharma qui est la loi que le Bouddha comprend et donne aux hommes et il y a Sangha, l'unité des disciples qui suivent l'enseignement du Bouddha.

Dans l'Hindouisme, il y a Krishna, le Brahman, le grand créateur, Vishnu, le gardien des formes et Shiva qui chez nous représente la troisième personne, le Saint-Esprit.

— *Dans le Taoïsme, on trouve plutôt la dualité du yin-yang ?*

— Nous avons le yin et le yang partout. La dualité entre le masculin et le féminin n'est pas le privilège des taoïstes. Dans la psychologie de C. G. Jung, il y a non seulement l'homme et la femme, mais il y a le féminin dans l'homme et le masculin dans la femme. La dualité yin-yang est une réalité universelle. Vous avez également la dualité entre l'existentiel et l'essentiel. Chaque être vivant est cloué sur une croix où se croisent l'horizontal et le vertical. L'horizontal représentant la réalité dans le temps et dans l'espace, la verticale l'Essentiel. Par exemple, l'Essentiel d'une plante dans sa semence est « l'image » de la forme que deviendra la plante. C'est une réalité verticale. En même temps, chaque plante souffre des conditions extérieures, voilà l'horizontale de sa croix. La plante peut ne pas avoir assez d'air, d'eau et peut avoir de la mauvaise terre. Mais il y a là une différence avec l'homme, qui ne souffre pas seulement pour devenir lui-même au sein des conditions extérieures. Car il a en lui-même quelque chose qui s'oppose à la réalisation de son Etre, c'est sa faculté rationnelle, sa pensée objectivante qui forme une réalité statique par laquelle on peut prévoir les choses. On l'appelle la « réalité objective », vis-à-vis de laquelle ce que l'homme ressent en lui-même n'est que « subjectif ».

Or la réalité de l'homme ne peut pas seulement être décrite en se servant uniquement de la conscience conceptuelle, mais seulement si on voit ses deux pôles existentiels et essentiels.

Le yin c'est le féminin. Le yang c'est le masculin. Chacun peut se demander s'il est plutôt masculin ou plutôt féminin. J'ai remarqué moi-même que dans mes écrits je suis assez yang, mais dans ma façon d'être avec les gens je suis un peu trop yin. J'essaie toujours de comprendre, de mettre les choses en harmonie et de détendre ce qui se durcit. On ne peut pas dire que le yin est meilleur que le yang, ce sont deux points de vue complètement différents.

Naturellement, personne n'est que yang ou que yin. Personne n'est que masculin ou que féminin. Il y a toujours un côté féminin même chez un homme très masculin. Et il y a toujours un peu de masculin chez une femme très féminine. Autrement ils ne pourraient pas survivre. En l'homme ou la femme, il y a donc toujours les deux côtés.

— *Toute la vie est donc régie par cette dualité ?*

— On rencontre toujours des situations qui exigent un peu plus de yang que de yin et un peu plus de yin que de yang.

— *Comment trouver l'équilibre ?*

— Vous devez tout d'abord accepter le caractère que vous êtes. Si vous voulez vivre dans votre vérité, vous devez être le témoin de votre réalité. Si vous êtes plutôt yin, ne pas jouer le yang, et inversement si vous êtes plutôt yang, ne pas jouer le yin.

Que veut dire le mot équilibre ? L'homme qui a une certaine maturité, il n'est pas facile de le faire sortir de son équilibre. Certains caractères sont plus ou moins accentués sur tel ou tel côté. Ils sont trop marqués par un trait, qui pourrait être un trait parmi d'autres. Mais s'il prend le dessus, alors c'est une personne qui n'est pas dans son équilibre. Par exemple, quelqu'un qui se fâche facilement ou qui est plus ou moins hystérique

— *L'équilibre n'est-il pas fait d'une succession de petits déséquilibres, par exemple dans la marche ?*

— Si vous êtes dans votre hara, vous n'êtes pas en déséquilibre. Dans la marche à aucun moment on ne se trouve vraiment sur le pied gauche ou sur le pied droit. En étant plus tout à fait sur le pied gauche, on va déjà vers le pied droit et réciproquement.

— *Est-ce qu'à partir du jour où l'on a fait ce type d'expérience, plus rien n'est jamais comme avant ?*

— Bien sûr. Pour quelqu'un qui a véritablement fait l'expérience de la profondeur pour la première fois, rien n'est plus jamais comme avant. Tout d'abord, on départage très bien ce qui a un sens profond et ce qui est superficiel. D'un côté, il y a les problèmes de l'existence : se nourrir, se loger, organiser sa vie, etc. De l'autre, il y a les problèmes de la vie intérieure qui doivent pouvoir se développer d'une manière telle qu'un problème de la vie extérieure ne soit pas une fin au sens de la vie.

— *Pourtant, il ne faut pas confondre une expérience qui comporte des sensations fortes avec une expérience spirituelle...*

— Il y a naturellement des expériences très fortes sur le plan existentiel, l'orgasme par exemple, mais sans avoir la qualité de la profondeur d'une expérience transcendante. Ce qui ne veut pas dire que sur le plan érotique, il n'y a pas aussi la possibilité d'expériences profondes.

Il y a une religiosité qui est une « bondieuserie ». On fait de Dieu un grand sorcier très gentil qui vous touche par la grâce et les miracles. La grâce comprise de façon existentielle, c'est quelque chose qui vous tombe du ciel et qui est toujours agréable et toujours beau. Tandis que sur le plan de l'Essence, la grâce peut être une expérience qui, pour le moi existentiel, est très douloureuse, mais fait tout à coup comprendre que la vie n'est pas uniquement une gelée de framboises.

— *Faut-il aller à la recherche des expériences spirituelles ?*

— Non. Ce serait une perversion de l'être humain s'il allait rechercher la douleur. Bien sûr, il y a l'ascèse. Mais c'est différent. Pour saint Thomas, l'ascèse était un travail bien ordonné qu'on fait sur soi-même, grâce auquel éclate pour l'homme la grandeur de l'Etre.

— *Faut-il pratiquer une ascèse avec la volonté d'avoir une expérience en se disant : « Il faut que j'y arrive ! » ?*

— On ne peut pas aller à la recherche d'expériences profondes comme on va chercher des champignons dans la forêt. Mais très peu de gens n'ont pas dans la profondeur de leur âme une sorte de nostalgie. Les jeunes par exemple qui font de longs voyages. Ils sont poussés non seulement par la curiosité et le désir de quitter leur famille, mais il y a chez eux une nostalgie. C'est l'expression de quelque chose de tout à fait réel qui vous fait chercher ce qu'il y a de très fort en l'homme. La nostalgie, c'est l'expression d'un trésor perdu.

— *La connaissance rationnelle que l'on peut avoir sur les religions, les mystiques, etc., est-elle une aide ou un obstacle sur cette voie ?*

— Cela dépend de l'arrière-plan sur lequel on tombe. Si vous êtes ouvert, vous allez trouver dans la lecture de textes hindouistes ou bouddhistes des choses qui vous choquent, vous donnent un véritable coup de poing. Vous vous dites : « Tiens, j'ai déjà ressenti quelque chose de pareil. » C'est la confirmation d'une réalité profonde à travers des images différentes.

Par contre, si vous êtes « rationaliste », vous pouvez connaître toutes les religions sans être « religieux ».

Réciproquement, l'homme d'une grande religiosité peut se heurter à la connaissance rationnelle des cultes et des rites.

— *L'expérience profonde dont vous parlez, est-elle l'expérience du sacré ?*

— Le sacré... Une statue peut être sacrée pour les Chinois par exemple, mais pas pour nous. Nous-mêmes, nous respectons simplement une statue devant laquelle nous les voyons s'incliner. Pour eux, c'est la représentation du divin, comme il existe les icônes ou la croix. Mais une image, qui a un sens religieux pour l'indigène, n'a qu'une signification scientifique pour l'ethnologue. Il la trouve très intéressante, mais lui-même ne va pas s'incliner devant la statue de l'indigène.

— *Quel est le rôle de la statue et de l'imagerie en général, de tout ce qui est représentation du divin, dans les religions ? En Occident, le Christianisme a mis de côté toute cette imagerie en insistant plutôt sur la compréhension et la communauté.*

— Le protestantisme est le premier à avoir enlevé les images des églises. Mais une église calviniste est terriblement ennuyeuse. Il n'y a rien dedans. Il n'y a pas d'atmosphère. C'est froid. C'est là que l'on se rend compte qu'une image peut conserver et évoquer beaucoup de significations. L'encens, les chants, les images, tout cela aide l'homme à ouvrir son âme vers l'au-delà. Chez l'enfant, cela aide à développer « l'organe » par lequel il peut être touché par l'au-delà.

Tandis que les Protestants sont très sobres. D'une certaine façon, ils sont très purs, mais c'est à double tranchant. Si purifier, c'est purifier tout ce qui peut vous faire sentir quelque chose de plus profond, alors c'est un appauvrissement.

L'enfant est très sensible à tout ce qui touche les sens. Si vous l'amenez dans un lieu sacré où rien ne touche les cinq sens, alors il sera difficile pour lui d'avoir une expérience. Je me souviens très bien, lorsque j'avais quatre ou cinq ans, à l'église de mon village, en haut dans la loge de mes parents, je voyais tout ce qui se passait. Je ne comprenais rien mais c'était mystérieux. Il y avait les cierges, les clochettes. C'était une atmosphère de mystère. L'adulte peut aussi être touché par cela. Le mystère a un sens mais que l'on ne peut comprendre avec l'intelligence. C'est ainsi que nous disons que le numineux n'est pas la sainteté, mais c'est une qualité qui a quelque chose à faire avec la sainteté. C. G. Jung disait : « J'ai l'impression que la réalité s'exprime dans la qualité du numineux éprouvé par l'homme. » Il avait tout à fait raison. Il n'y a qu'une seule réalité qui se manifeste différemment selon la tradition, la race, le caractère ou le plan.

— *Peut-on dire alors que nous pouvons choisir telle religion plutôt qu'une autre, comme un légume à l'étalage ?*

— Pas du tout. Parce que vous êtes fait d'une « matière » particulière en tant que Français, en tant qu'Européen. Bien sûr, certains cherchent à être introduits par exemple dans la religion tibétaine. Ils font des séjours chez les Tibétains, répètent tous les jours leurs prières, apprennent la langue. Et peut-être un beau jour deviendront-ils tibétains dans leur religion. D'autres deviennent bouddhistes parce qu'ils ont l'impression que cette expression religieuse les touche personnellement. Ils disent : « C'est là qu'est ma place. » Alors, pourquoi pas ?

Les religions d'Orient se distinguent des religions qui ont été en contact avec le Christianisme, parce que l'on y cherche le Grand Un dans lequel tout se perd[16]. A Paris, un maître japonais l'exprime ainsi : « L'homme est tout d'abord un morceau de glace. Puis, il peut devenir de l'eau. L'eau peut se transformer en gaz et le gaz en lumière. » Voilà le sens de la vie humaine, passer de l'état de morceau de glace à celui de lumière. C'est typiquement oriental. Nous pouvons apprendre beaucoup à travers ce type d'expérience. Mais l'homme de tradition chrétienne dira : « Il ne faut pas se perdre dans cette lumière et s'effacer en tant qu'homme, mais devenir témoin de cette lumière dans l'existence. » C'est cela qui fait la personne. La personne c'est l'être à travers lequel une autre réalité se manifeste dans l'existence.

— *Peut-on être témoin en dehors d'une religion ?*

— Mais cela n'a rien à voir avec la pratique religieuse. On peut être témoin uniquement grâce à une expérience que l'on a faite. Autrement c'est du théâtre. Vous pouvez être très pieux et tout à fait banal.

— *Evidemment, mais la question est alors : peut-on cheminer seul ? Le rôle d'une Eglise se trouve également dans l'assistance spirituelle.*

— Comment cheminer seul ? Il s'agit là d'une grave question. Beaucoup de personnes ont trouvé leur vie intérieure toutes seules et ont découvert ce qu'on ne leur avait jamais raconté. En général, elles sont très fortement « douées » pour l'expérience transcendantale. D'autres personnes ne sont pas « douées » du tout. Il y a des professeurs de philosophie qui ne comprendront jamais l'expérience religieuse. « Beaucoup sont appelés mais peu sont élus. » Un beau jour, grâce à des souffrances, un homme qui n'avait pas l'air appelé peut tout à coup l'être. Les expériences douloureuses ont creusé un trou dans sa façade durcie. La mort d'un proche ou un accident de voiture peut soudain faire percer la peau trop épaisse qui vous sépare de votre transcendance intérieure.

— *Il n'y a donc pas de voie uniquement dans et par les religions ?*

— La voie de l'homme, en général, c'est de développer ses facultés pour se faire une place dans la société. C'est la voie existentielle. Si l'on parle de la voie sur le plan essentiel, il n'y en a pas deux. La voie est alors de suivre l'appel profond qui a une expression différente. Que l'on parle du Bouddhisme, du Shintoïsme ou du Christianisme, c'est toujours la voie.

Alors, y a-t-il une voie hors de la religion ? Je dirai naturellement que oui. Une religion, c'est un enseignement bien établi avec un culte, une théologie, des formes et des théories. Mais il y a une voie indépendante qui ne demande rien à la religion, mais fait comprendre l'autre, considérer des expériences essentielles et développe une nouvelle conscience. Il y a là un chemin intérieur que prend l'homme, chemin dont le sens est toujours d'approfondir les racines qu'il a trouvées. C'est une voie indépendante d'une église ou d'un « établissement religieux », qui n'a pas besoin de participer à un culte. C'est une voie intérieure, mais qui peut être très sévère. Elle peut avoir par exemple la méditation comme exercice. Vous pouvez commencer à pratiquer la méditation dans un sens chrétien ou dans un sens bouddhique, mais finalement vous trouvez votre propre méditation, grâce à l'appel de votre noyau personnel et essentiel.

— *L'homme qui vit sur le chemin intérieur peut donc être sous sa forme extérieure un homme de tous les jours, un homme de la rue ?*

— Mais ce serait malheureux s'il perdait cela. Dans la mesure où vous êtes enraciné dans le Divin, la force que vous avez pour mener votre vie extérieure devient plus grande et non pas plus faible. Vous serez meilleur peintre, cordonnier ou menuisier si vous sentez une responsabilité vis-à-vis de Dieu et pas seulement vis-à-vis de votre client. Vous gagnez votre argent avec un travail mais, en même temps, votre attitude intérieure ressemble à celle des moines du Moyen Age qui dessinaient de belles lettres sur les manuscrits. Il s'agit toujours du fait que chaque exercice dans chaque métier contient la chance d'être enraciné dans une responsabilité plus profonde. Il ne s'agit pas seulement d'une responsabilité vis-à-vis de M. le client, mais vis-à-vis d'une instance « anonyme » et plus profonde. Si l'horloger fait une montre, il ne s'agit pas seulement de contenter le client mais de faire un petit chef-d'œuvre. La façon d'exercer un métier, quel qu'il soit, dépend du sens de la responsabilité de celui qui le pratique. Cette responsabilité peut n'être pas seulement vis-à-vis de quelqu'un ou de quelque chose de ce monde, mais être enracinée dans une transcendance.

— Peut-on généraliser et supposer que chaque geste, chaque instant peut trouver un autre goût ?

— Bien sûr, le quotidien lui-même est le champ de l'exercice. On peut parler du quotidien comme exercice. C'est valable pour chaque instant et pour quoi que ce soit que je fasse. Par exemple : j'arrose une fleur. Je peux le faire d'une façon très banale : mes fleurs ont besoin d'eau, donc je leur donne de l'eau. En prenant mon arrosoir, je peux me mettre dans une attitude où j'ai une relation personnelle avec la fleur et faire un acte où je donne la vie à quelque chose de vivant et de plus ou moins sacré. Il faut se rendre compte que des mots comme le « sacré » ou le « divin » ne désignent pas quelque chose d'extraordinaire et ailleurs, mais tout simplement ce qui fait partie de notre vie. Il est naturel que la plupart des gens n'aient pas la moindre idée de s'enraciner tous les jours dans cette profondeur et vivent alors à la surface de la vie, sans jamais creuser un peu plus loin. Cela leur suffit pour se maintenir, ils sont tout à fait contents. S'ils ont en plus un peu de plaisir, c'est encore mieux. Si c'est ennuyeux tant pis. Mais ils ne savent pas que la vie ne peut plus être ennuyeuse dès qu'un fil d'or vous relie à votre profondeur.

— Cette prise de conscience s'accompagne donc d'un recentrage ?

— Naturellement, l'homme ou la femme se rend compte qu'il y a un autre centre en lui-même que le moi existentiel.

— *Comment s'opère ce recentrage ?*

— « Centrer » peut signifier deux choses. On peut se concentrer sur un travail. Si vous devez taper à la machine, vous êtes concentré dans votre être-là pour bien écrire.

Dans un autre sens, on peut dire : je suis centré en moi-même. On peut alors être centré simplement pour bien faire, pour n'être pas mis à la porte. On fait donc attention, on est concentré. On peut également introduire l'idée japonaise que chaque situation est la meilleure des occasions pour être en communion avec votre Etre. Alors votre façon de bouger sera différente. Si vous avez le hara, tout ce que vous faites dans la journée aura un visage différent.

— *Le hara évoque un centre, donc une vérité. Pourtant psychologiquement, n'agissons-nous pas comme si nous avions plusieurs personnalités ? D'où proviennent ces contradictions ?*

— C'est la vie. Nous jouons des rôles très différents. Le matin, vous êtes le père qui réveille ses enfants. Un peu plus tard, vous êtes le piéton qui ne doit pas se faire écraser par des voitures. Puis vous êtes un employé, arrivant au bureau. Chaque situation exige une présence ancrée dans un besoin différent qui nécessite un autre rôle.

— *La vie serait une sorte de clavier de piano, sur lequel nous tapons des touches différentes selon les moments, mais en nous, il y a le musicien chargé d'harmoniser l'ensemble...*

— Dans la mesure où l'on a compris que chaque situation est la meilleure des occasions pour être en contact avec son Etre, alors la quantité des choses qui exigent une attention très différente pendant la journée peuvent être reliées les unes aux autres par un lien exprimant la présence perpétuelle d'une conscience profonde. Quoi que vous fassiez, si vous avez la conscience de la personne véritable, vous pouvez maintenir votre attitude détachée. Ou alors, vous êtes simplement le résultat des contingences extérieures. Naturellement, il faut s'adapter au besoin. Il faut être présent dans l'instant, sans être bouleversé dans son calme intérieur.

— *« Chaque situation est la meilleure des occasions », dites-vous. Néanmoins, votre enseignement est fondé sur l'assise zen. Pourquoi avoir « importé » du Japon cette discipline plutôt qu'une autre, telle que le tir à l'arc ou la cérémonie du thé ?*

— Parlons de la méditation. Jusqu'à présent la méditation en Europe était toujours la méditation d'un objet, d'une image ou d'une parole. On essayait d'entrer dans la profondeur du sens d'une image ou d'une parole. La méditation zen est une méditation sans objet. C'est le vide que l'on cherche. La connaissance du zen nous apporte le bénéfice du vide. C'est terriblement difficile de se débarrasser des images, des pensées, de faire le vide dans sa conscience, mais c'est dans l'absence de la multitude que peut tout à coup éclater la plénitude. C'est là le sens de chaque exercice spirituel. Et ce qui m'intéressait dans le zen, pour nous dont le cerveau est toujours rempli de pensées et d'images, c'était la possibilité de toucher l'Etre grâce à la disparition de la multitude des images et des pensées. Et aussi de pouvoir être touché par la réalité qui est au-delà de tout ce qui est pensée et image.

Toutes les divinités des religions sont, à l'origine, des expériences sans images. On est bouleversé, renversé, libéré, transformé dans un mouvement intérieur sans image. Mais projeté sur l'écran du moi, cette expérience qui est au-delà des images devient image, selon la tradition d'une race, d'un peuple, d'un homme. Et ces images sur l'écran du moi, on les objective encore, on leur donne une réalité indépendante de nous et les soumet comme cause des expériences. Alors on a fait le tour.

Il y a toutes sortes de méditations. On peut méditer une image, une parole. On peut méditer un paysage, un chef-d'œuvre. Et on peut méditer encore d'une façon différente, dans un sens initiatique, dans le sens d'enlever tout, de laisser tomber tout ce qui nous empêche d'ouvrir cette petite porte. Et tout à coup, pour un instant, quelque chose peut nous toucher.

Les grands mystiques ont toujours dit de ces expériences du toucher divin : « Il faut regarder comme si on ne regardait pas. Il faut prendre comme si on ne prenait pas. On doit posséder comme si on ne possédait pas. On doit entendre comme si on n'entendait pas. » Dès que vous voulez fixer, ce n'est plus là. Un jour quelqu'un me dit : « Vous savez, j'ai été touché par quelque chose d'extraordinaire. Mais je ne sais pas ce que c'est. » Je lui ai répondu : « Si vous saviez ce que c'était, ce ne serait pas ça. » On ne peut pas savoir.

Un jour, à Paris, quelqu'un a fait une conférence dans laquelle il a parlé de l'homme et de l'humain. A la fin, un psychologue se lève, un freudien. Il lui dit : « Monsieur, que voulez-vous dire par l'humain, ne pouvez-vous pas donner une définition de l'humain ? »

— Non, monsieur. Même si je pouvais le faire, je ne le ferais pas.

— Comment ? L'humain ! Qu'est-ce que ça veut dire ?

— Je ne sais pas, monsieur. Et si je le savais, ça ne serait pas l'humain. »

C'est la même chose avec le Divin. Nous ne faisons que tourner autour. Alors il y a là un apprentissage vis-à-vis de la façon d'être et de regarder.

On ne regarde pas seulement avec les yeux. La vie spirituelle n'est pas quelque chose qui est séparée du corps.

Je vais vous donner un exemple de la sagesse du corps. Je me souviens d'une femme à qui, un beau jour, j'ai demandé : « Madame, savez-vous prier ? — Moi, prier ? Que voulez-vous dire ? »

Elle pensait que si l'on commence à parler de la prière, c'est qu'on se trouve tout près de la mort.

« Essayez une fois de vous mettre à genoux simplement la tête entre les mains. — Moi, à genoux ? » Et elle est partie. Le lendemain, elle est revenue et m'a dit : « Vous savez, cela m'a tellement bousculée ce que vous m'avez dit à propos de cette prière que, lorsque je suis rentrée — elle avait trois kilomètres de marche à pied à faire —, en chemin je me suis aperçue que je marchais de plus en plus vite. Finalement, je me suis mise à courir. Je me suis retrouvée chez moi. J'ai monté les escaliers quatre à quatre. Je me suis retrouvée dans ma chambre. J'ai fermé la porte à clé. Je suis tombée à genoux et vécu une expérience comme jamais je n'en avais connu. »

C'est le geste de se mettre par terre, qui lui a fait faire la première expérience du divin. C'est pourquoi aujourd'hui, nous acceptons certaines façons de méditer de l'Orient, où la posture joue un rôle.

Le zen, c'est bouddhiste, mais la nature du Bouddha n'est pas un privilège des Bouddhistes. De même que le Christ n'est pas un privilège des Chrétiens. On peut suivre certaines techniques qui ont été développées dans la Grande Tradition comme on dit. Il y a la Grande Tradition chinoise. Il y a la Grande Tradition de l'Orient. Il y a la Grande Tradition de l'Eglise orthodoxe. Il y a la Grande Tradition partout. Et la Grande Tradition c'est le message du Divin qui s'exprime dans des langues différentes, des peuples différents, des races différentes, selon leurs traditions spirituelles. Alors finalement, Dieu, ou la Vérité, est un. Les Traditions sont différentes, mais chacune a sa sagesse à elle. Aujourd'hui, l'Orient a une certaine sagesse très utile pour une humanité qui est hors d'elle-même à cause du développement du rationnel, de la technique et des organisations. Nous sommes tellement embrouillés par tout ce que nous savons dans notre tête qu'il est temps de nettoyer tout cela en redécouvrant le corps comme création du Divin.

Il y a le corps qu'on a, qu'on peut nettoyer et arranger comme une voiture, comme un instrument qui nous appartient. Je peux faire avec lui ce que je veux, c'est pourquoi j'ai besoin de la santé. Il y a une tout autre vision du corps : c'est le corps qu'on est. C'est l'ensemble des gestes dans votre façon d'être là, dans lesquels vous vous exprimez en tant que personne, dans lesquels vous vous présentez. Des gestes dans lesquels vous vous touchez dans votre Etre, vous vous réalisez dans votre Etre ou vous vous manquez. Il y a une façon d'être là qui correspond à ce que devrait être une personne. Le mot personne vient de *personnare* : sonner à travers. La personne devrait être transparente à la Transcendance intérieure.

Essayez d'effacer la conscience localisée dans le front, placez-la dans la nuque et le haut de la colonne vertébrale. Si vous discutez avec quelqu'un, pendant qu'il vous parle de lui, vous n'avez pas le regard fixe en ridant votre front. Il va se taire ! Toutes les choses se tairont si vous les regardez comme ça ! Inconsciemment vous avez un regard plus « ouvert ». Plus ce que l'on vous raconte devient intime ou personnel et plus vous regardez avec la conscience placée dans la nuque. Et la parole la plus profonde, la plus personnelle, est celle qui provient de la voix divine.

Alors il faut faire un travail sur le corps qu'on est, grâce auquel on devient de plus en plus transparent. La façon d'être assis, de marcher, pour quoi que ce soit que vous fassiez, vous devez vous mettre dans une attitude permettant au divin de se manifester à travers vous, à travers votre marche et surtout à travers votre façon de vous sentir dans votre corps. Chaque couleur, chaque son est beaucoup plus proche du divin qu'une pensée. C'est une chose directe. Elle n'est pas encore gâchée par notre façon de penser. Ainsi nous avons une chance de nous nettoyer en cessant de nous crisper ou de nous lâcher d'une manière avachie. Rester dans une forme, nous permettant de demeurer dans la forme voulue par le créateur, transparent à notre conscience. Et cette conscience n'est pas celle qui dit : « Qu'est-ce que c'est que ça ? »

Je vais vous raconter un rêve. Les rêves sont très importants. On ne doit jamais dire : ce n'est qu'un rêve. Un rêve dit la vérité parce que rêver c'est une conscience dans laquelle le gendarme qu'est le petit moi s'endort.

Voilà, je rêve un beau jour que je suis dans une église et le guide qui fait visiter nous montre les bijoux, les joyaux, les objets précieux et les trésors de l'église. Entre autres, il y avait le Christ crucifié mais sans la croix. Et tout à coup sa main est tendue vers moi et, dans le rêve, je prends la main du Christ. Cet instant-là, c'était l'expérience, je me sentais envahi par une plénitude extraordinaire. C'était tellement fort que dans le rêve me vient tout à coup la question : « Mais qu'est-ce que c'est que ça ? » Au moment même où je pose cette question, le Christ tombe en miettes. Plus rien et je me réveille avec un sentiment d'une grande culpabilité. Une fois pour toutes, j'ai su qu'il existe une réalité qui ne supporte pas cette question objectivante, qui dit : « Qu'est-ce que c'est que ça ? » Au sens où Descartes dit qu'une réalité n'est que ce qu'on peut relier dans un ensemble de concepts bien ordonnés. Au-delà, ce n'est rien, ce n'est que « subjectif ». C'est de la fumée.

Alors il s'agit donc de développer une façon d'être là, une façon d'écouter, une façon d'entendre, une façon de devenir transparent à une conscience qui n'est pas dirigée vers la santé, ni vers la beauté, mais vers cette Transcendance en nous-même. Afin que le Divin puisse nous envahir et finalement se manifester à travers nous dans le monde.

— *Que se passe-t-il pendant l'assise ?*

— Un jour, je demandai à un maître zen : « Si dans la méditation, apparaît un tigre, que faites-vous ?

— Nous le renvoyons ! dit-il.

— Vous savez, il est très important de savoir que nous avons un tigre en nous. Il représente une force extraordinaire, lui ai-je répondu.

Il ne faut pas simplement le renvoyer parce qu'il vous

gêne. Mais l'apercevoir, l'accepter et l'intégrer. C'est une grande différence.

Dans le zazen, il faut bien se sentir dans son bassin. La force de la verticale dépend de la force horizontale. Sentir la respiration. Il faut se laisser tomber profondément dans une expiration. Se lâcher, s'asseoir, devenir un. Se lâcher, se donner, s'abandonner, se retrouver. On peut jouer sur cette formule. Cette concentration sur la respiration n'est pas encore la méditation. La méditation commence au moment même où ce mouvement devient automatique. Ce n'est plus nous qui respirons, c'est le rythme qui nous respire. Alors tout se tait. Mais dès qu'il y a des choses qui nous dérangent, des images, des pensées, alors on revient de nouveau à la concentration sur ce rythme. Il faut aussi penser : se lâcher et se débarrasser de toute forme pour se retrouver.

On s'aperçoit de plus en plus que pour le chemin intérieur, initiatique, on a besoin de la psychologie, pour nettoyer ce chemin sur lequel on veut s'avancer. Aussi longtemps que nous sommes bloqués dans notre Etre existentiel, il n'y a pas de chance pour notre Etre profond de se manifester. C'est pourquoi, la psychologie de la profondeur est vraiment importante.

Chaque ombre est une énergie refoulée qui est un blocage pour l'Etre. Chaque ombre est une lumière refoulée. Les ténèbres eux-mêmes sont la lumière. Moi-même, je me rends compte dans ma vie que toute chose qui me rend triste ou « noir », au fond, est un « blanc » qui ne peux pas sortir. Cette relation entre le « blanc » et le « noir », c'est quelque chose de très important. Le « blanc » qui ne voit que le « blanc » devient « noir ». Ce n'est que le « blanc » qui avale un petit peu de « noir » qui reste « blanc ». Ce qui ne veut pas dire que le « noir » qui avale un petit peu de « blanc » reste « noir ».

— Partant du zen, vous avez développé un ensemble d'exercices dans le même esprit. Pourquoi ?

— Ce sont des méditations actives, des exercices méditatifs actifs : dessin, musique, danse, voix, massage, tout cela a toujours le même but : que l'homme ait la possibilité de reconnaître dans le corps ce qu'il est dans sa profondeur. De développer sa troisième conscience du corps. La première c'est la santé, la seconde la beauté, la troisième, cette transparence pour la Transcendance intérieure. De sorte que quel que soit l'exercice que l'on fasse, il donne la chance de se reconnaître sur les trois plans. D'abord la façade. Derrière la façade, il y a la sorcière ou le loup, c'est-à-dire l'ombre, la vie non vécue qui veut sortir, qui est supprimée et qui bloque le chemin entre l'Etre existentiel et l'Etre essentiel, qu'il faut nettoyer, rendre conscient et intégrer. Le troisième plan : c'est de se sentir dans son Etre profond. Il existe par exemple des exercices qui consistent à frapper sur un tambour. Si vous le faites, ce qui s'exprime tout d'abord, c'est le « je sais faire ». Puis tout à coup, vous commencez à taper dessus et sortent toutes vos agressions refoulées. A travers ce deuxième pas, il peut alors se produire qu'un coup de bâton pas fort mais énorme et d'une qualité complètement différente, très souple, jaillisse. L'homme se sent alors sur un autre plan. Ces exercices cherchent à développer la conscience intérieure, la sensualité suprasensuelle qui nous fait comprendre que le corps que nous sommes dépasse la peau d'une façon qui nous rend capable de sentir que nous faisons partie d'un corps bien plus grand que nous.

Dans la méditation que nous faisons, style zazen, nous

ne faisons pas le zen. Le zazen est pour nous un exercice de transformation, dont le but est d'amener la transparence pour la Transcendance. Qu'est-ce que cela veut dire ? De plus en plus, je me rends compte qu'on doit être bien dans sa peau pour pouvoir sentir quelque chose de l'Au-delà. Et l'homme n'est vraiment dans sa peau que dans la mesure où il la dépasse. Cette peau-là nous enferme, si elle n'est pas le médium pour le développement d'une « aura » dans laquelle nous nous dépassons. C'est ce que les Japonais appellent le *ki*, cette force qui se développe dans le hara.

Nous essayons de jouer à un jeu entre faire et non faire. Dans ce travail, le jeu entre le yin et le yang tient un rôle important. Le yin dissout tout ce qui est opposé, est forme au-delà de toutes les formes. Et l'autre mouvement, yang, représente le mouvement vers une forme. L'esprit oriental est plutôt dirigé vers la non-forme : le grand Un. L'esprit occidental plutôt vers la forme. Prenez les deux mots : oriental et occidental, comme deux forces en nous-même. Pas seulement comme des concepts géographiques. Ce sont deux côtés de l'homme. Qu'est-ce que cela vient faire dans l'exercice ? Il s'agit de lâcher le petit moi représenté par les épaules en l'air, par le centre de gravité qui est en haut. C'est-à-dire, avoir un mouvement vers le bas, où on trouve le bassin, l'assiette. On peut dire : « on est bien dans son assiette », si on est bien en bas. Le hara est un réceptacle, mais aussi une base. Le sens de ce mouvement c'est l'épanouissement. On peut garder à l'esprit l'image de l'oignon de tulipe. L'oignon se développe vers le bas pour que la fleur monte. Dans la méditation, il s'agit de lâcher la vieille forme. Le sens de l'expiration bien ordonnée, c'est l'inspiration. Le sens de la détente, c'est une nouvelle tension. Rien n'est plus faux que de permettre à quelqu'un que vous avez relaxé de sortir bien détendu. Il risque d'être avachi. Non, c'est la nouvelle forme qui compte. On peut déjà exercer celle-ci tout simplement en observant la respiration.

Restez assis. Essayez d'écouter ce qui se passe dans votre respiration. On peut avoir l'impression qu'on se vide, pour ainsi dire. Quelque chose qui s'en va. Mais tout autant, vous pouvez remarquer (pourvu que vous ne le fassiez pas) qu'au moment de l'inspiration, quelque chose se remplit. Ainsi, on lâche sa forme, on regagne sa forme. C'est l'exercice le plus simple que vous puissiez faire. Et en le faisant, vous travaillez déjà à la chose la plus importante : une nouvelle forme.

Il ne s'agit pas de perdre toute forme pour obtenir je ne sais quelle expérience inouïe. Il y a ce risque aussi. En Inde, j'ai souvent remarqué que le sens de tout exercice consiste au fond en une expérience, l'illumination, sans forme, sans rien, un sentiment divin magnifique. Et alors ? Naturellement si là se trouve le sommet de tout travail, on comprend que dans l'existence rien ne bouge. Le je-m'en-foutisme est bien plus grand en Inde qu'en Europe. Ils se fichent de tout et cela a un rapport avec leur notion de temps.

— *Lequel ?*

— Il y a deux notions du temps. En parlant du temps, nous pensons à quelque chose où il y a un avant et un après. Il y a également la notion de l'instant éternel. Rien ne bouge. Mais c'est faux de dire rien ne bouge, car c'est au-delà de bouger et de ne pas bouger. Au fond, c'est cela la signification du temps, telle que j'ai pu l'observer en Orient.

Si, en visitant un temple, vous demandez, quand a vécu

la personne « sainte » pour laquelle a été bâti le temple, on vous répond : « Que voulez-vous dire par “ quand ” ? Il vit. »

Le maître qui m'avait invité la première fois m'avait demandé : « Dites-moi, est-ce que vous avez à Todtmoos un petit temple pour Maître Eckhart ? Si je viens en Europe, j'aimerais bien visiter la tombe de Maître Eckhart (on ne la connaît pas malheureusement). Vous savez, chez nous un homme comme Maître Eckhart, il ne meurt pas. Il est au-delà du temps. Il est, tout simplement. »

Vous voyez cette notion du temps où on dit : « il est » correspond à une conscience qui dit non à la forme. Le Christianisme dit : « L'esprit s'est fait chair. » On pourrait dire également : l'esprit devient forme. Nous disons oui à la forme et par cela nous nous intéressons à ce qui est là et à ce qui va devenir. Alors les deux choses vont ensemble : le oui à la forme, le oui à la personne, le oui au temps et à l'espace. Et de l'autre côté, le oui à l'instant éternel, à la non-forme. C'est le vide qui est la plénitude. Ce n'est pas le rien, c'est l'absence de la multitude qui fait sortir la plénitude de ce temps éternel. Il est important de cultiver le sens de l'instant éternel, du temps au-delà du temps. Comme pour les Orientaux de développer aujourd'hui ce sens du temps qui est linéaire.

Mon travail a toujours été de préparer les conditions grâce auxquelles s'approche la chance d'être touché par le Tout Autre. Vous savez, nous sommes de temps en temps touchés, mais il est assez rare que nous nous en apercevions. Ceux qui n'en savent rien ont bien souvent eu cette expérience, mais ils ne s'en rendent pas compte. Lorsque je vois quelqu'un pour la première fois, j'essaie de savoir : a-t-il eu ou non quelque chose comme ça ? « Ah, monsieur, me dit-il, je crois maintenant comprendre de quoi vous parlez. Quand j'avais six ans... » Et voilà qu'il me raconte une histoire « quand j'avais six ans... » Et c'est absolument ça. Vous avez l'impression de sentir comme une odeur de l'Au-delà, dans la façon dont il raconte et surtout dans la façon d'être, où il se trouve à l'instant où il laisse revenir ses souvenirs de cette expérience de son enfance.

Les instants de l'au-delà qui nous touchent n'ont pas de temps. Ils sont au-delà du temps. C'est très impressionnant. Je ne veux pas dire que cela arrive souvent, mais pourtant...

Il y a quelques années, quelqu'un est venu à Todtmoos faire une présentation du tir à l'arc. Cette personne était assise là, avec l'arc et la flèche. Doucement, elle se lève et prend un quart d'heure pour aller à l'emplacement et tirer deux flèches dans la cible de paille. Par cette lenteur, cette marche et ses mouvements, tout le monde était pris : cette façon non seulement de faire ses mouvements mais de laisser passer à travers elle cette autre réalité, qui ne peut pas se manifester dans les mouvements qu'on « fait ». Chaque mouvement devient l'expression d'une façon d'être. C'est ce que nous cherchons dans le travail sur le corps-qu'on-est.

Je prends l'exemple des douleurs qu'on a dans les épaules, qui sont toujours un peu serrées. Les médecins n'y voient que des crampes et prescrivent un bon massage et des mouvements de relaxation. En réalité, c'est un geste de méfiance contre le monde qui nous met en question. Il y a toujours quelque chose dont nous avons peur parce que cela nous met en question. C'est une attitude de méfiance.

J'ai découvert qu'au fond, où qu'elle se situe, toute tension est une attitude de méfiance. Il reste à savoir à quoi correspond chaque tension particulière. Par exemple, les tensions que nous avons autour de l'estomac, du cœur, de la vésicule biliaire, du plexus solaire, au milieu du corps. Que veulent dire ces tensions en termes de méfiance ? C'est la méfiance contre tout ce qui est émotion. On a peur de s'ouvrir aux émotions que l'on ressent et qui voudraient bien s'exprimer. L'émotion ne peut se développer que dans la mesure où elle est accompagnée du geste qui l'exprime... Par le geste, on peut éveiller le sentiment qui appartient à l'émotion. Les deux sont reliés l'un à l'autre par le geste.

Il s'agit finalement de demeurer dans une façon d'être là. Quand on dit « une façon d'être là », c'est la même chose que de parler du corps qu'on est. C'est-à-dire une façon qui est juste et empêche le moi de prendre le dessus.

C'est ce moi qui ordinairement fait la foi car, comme le dit Kant, la conscience a comme base les catégories du temps et de l'espace, et l'identité de la causalité. Kant dit : l'homme ne peut pas voir les choses autrement que dans le temps et dans l'espace, et dans l'identité. La conscience de l'homme ne peut pas voir autre chose, mais la réalité est autre chose. En vérité, il y a un avant et un après, un en haut et un en bas. Mais seulement par rapport à un point. Ce point, c'est le moi qui se fait identique avec lui-même : « Je suis là et je ne bouge pas. » Dans le chemin initiatique, c'est ce moi-là qui est créateur du temps et de l'espace, qui bloque le chemin vers la réalité qui est au-delà de la Réalité, qui est au-delà du temps et de l'espace. Qui est *la* Réalité ! Mais sans ce drôle de moi, il n'y aurait pas de concept ni de réalité du temps ni de l'espace.

— Le moi, la réalité, la causalité : faut-il comprendre ces termes pour progresser en soi-même ?

— Il y a toujours une relation entre le mot et l'expérience : « Le concept sans expérience est aveugle. L'expérience sans concept est vide. »

Je vois si souvent des gens qui ont de véritables expériences de l'Etre mais qui ne s'en aperçoivent pas parce qu'on ne leur a jamais donné un concept permettant de dire : « attention, il existe quelque chose de cette sorte ». Alors le concept n'est pas uniquement quelque chose qui tue l'expérience, mais également une réalité propre à l'homme. C'est pourquoi, on ne doit pas aller trop loin en disant : surtout n'utilisez pas de mots pour dire ces choses-là. Naturellement, on ne peut pas remplacer l'expérience par un mot, mais on peut donner à quelqu'un l'idée de ce qui peut lui arriver, grâce à certains mots. Il le reconnaîtra ensuite et se dira : « Ah, tiens ! Voilà, c'est ça ! »

CHAPITRE IV

Être dans son corps : enracinement et distance

— *Nous disons couramment : « Etre bien dans sa peau. » Tout ce qui touche au corps aujourd'hui vise à cela. Mais qu'est-ce que cela signifie exactement ?*

— « Etre bien dans sa peau » concerne notre façon d'être dans notre corps. Parlant du corps, rappelons la distinction entre « le corps qu'on a » et le « corps qu'on est ». « Le corps qu'on a », c'est tout simplement le corps physique qui recherche l'efficacité et la santé. Si quelque chose ne va pas, on va voir le médecin. On s'entraîne dans un sport et on cherche à avoir des forces pour faire certaines tâches. C'est, pour ainsi dire, le corps extérieur. Tout autre chose est le « corps qu'on est ».

C'est l'ensemble des gestes dans lesquels on s'exprime et on se réalise, dans lesquels on se présente en tant que quelqu'un. On « joue » par exemple au grand patron ou bien au timide. On se comporte de façon différente dans des gestes qui vous montrent dans un certain état d'être, que l'on soit timide ou non. Tout s'exprime dans des gestes. L'ensemble des gestes dans lesquels on se présente, c'est justement « le corps qu'on est ».

Pourquoi est-il important de voir cette différence,

lorsque l'individu se cherche pour devenir celui qu'il est au fond de lui-même ? Parce que ce sont les gestes dans lesquels il se présente et non pas l'efficacité qui sont le signe de son être. Voilà de quoi il s'agit quand on parle d'être bien ou pas dans sa peau.

— *Le corps et l'attitude corporelle sont donc l'expression du psychisme et de l'Etre profond ?*

— Le concept de psychisme n'est pas tout de suite l'Etre profond. Car pouvoir exprimer le contact avec celui-ci peut résulter de vingt ans de travail sur soi-même. Parce que les gens dans leur attitude générale se comportent en fonction des manières nécessaires à la vie quotidienne, à la rencontre avec autrui. On doit s'adapter à tout ce qui est habituel. Le cordonnier, le menuisier doivent savoir faire les gestes de leur métier. Le paysan de même. Chacun engage son corps dans un travail extérieur. C'est « le corps qu'on a ». Celui-ci doit s'adapter à une certaine utilisation. Alors il faut se poser la question de savoir si le travail qu'on vous demande extérieurement correspond à votre Etre.

— *Est-ce qu'inversement le corps et l'attitude corporelle influencent le psychisme ? Finalement comment se fait la relation entre les deux ?*

— Si on s'agenouille, c'est un geste. C'est un geste d'humilité. Et ce geste n'exprime pas seulement l'humilité mais il réalise aussi intérieurement une façon d'être là qui représente l'humilité. Chaque geste n'exprime pas seulement ce qu'il exprime, mais il réalise ce qu'il exprime.

Aussi est-il toujours intéressant de voir le contact existant entre un geste et le sentiment qu'il exprime. Le philosophe Klages [17] disait : « Seul le sentiment qui peut s'exprimer dans le geste est capable de se réaliser totalement. » L'amour ne peut se développer que dans la mesure où l'homme qui aime peut et a lui-même la capacité d'embrasser la personne qu'il aime. Aujourd'hui, il y a par exemple ce manque de courage d'embrasser un autre, de toucher un autre. C'est comme une loi : « On ne touche pas ! » Il y a une sorte de timidité chez beaucoup de gens, de toucher. Il peut y avoir une névrose, qui bien souvent trouve sa source dans une enfance où l'enfant a peut-être cherché chez la mère la caresse à un moment donné et la mère a répondu : « Non, je n'ai pas le temps. » Alors dans l'enfant, il y a comme une petite voix : « Cela ne m'arrivera plus jamais. » Et, plus tard, devenu homme, il souffrira d'une réaction névrotique contre tout contact physique. Aussi faut-il développer la capacité d'exprimer ses sentiments sans avoir besoin d'un courage particulier. Cette sorte de recul permanent qu'on prend vis-à-vis des autres pour ne pas avoir à s'exprimer est l'une des maladies psychiques que rencontre la psychanalyse aujourd'hui.

Cette peur de toucher peut être également une peur de la vérité, une peur d'être reconnu comme celui que l'on est vraiment. Aujourd'hui, les gens vivent dans leur façade, ce que C. G. Jung appelle la « persona ». C'est la façade dans laquelle on se présente vis-à-vis du monde extérieur. On se donne l'air d'être très courageux mais en même temps, on a une peur bleue que quelqu'un vous pose une question sur votre situation personnelle. On est donc sur le qui-vive. Nous retrouvons le moi existentiel qui se maintient avec les épaules en l'air, le ventre rentré, les pieds qui ont peur de toucher le sol. Tout cela est l'expression de quelqu'un qui voudrait presque éviter la terre sur laquelle il doit pourtant vivre. Il voudrait éviter les gens qu'il doit pourtant rencontrer. Alors chacun reste dans un isolement plus ou moins grand.

Aussi l'attitude exprimant l'existence d'une communauté entre les êtres n'existe presque pas.

Mais bien sûr, la société impose des manières et une certaine réserve, car il est au fond normal que l'homme ne s'exhibe pas de prime abord vis-à-vis des autres. Aussi se maintient-il dans une attitude corporelle dans laquelle il se défend et se cache. Néanmoins, c'est une erreur de vouloir se présenter comme ce que l'on n'est pas et d'avoir peur de se montrer tel que l'on est vraiment. Mais c'est tout à fait compréhensible, parce que les gens pour la plupart vivent tout le temps un moi qui a comme but principal de se maintenir.

— *Quelle serait donc l'attitude juste ?*

— Ce serait une attitude sans mensonge, ce qui est l'objectif du travail que l'homme doit faire sur lui-même. Seul l'homme qui a quelque chose à cacher sera un mensonge dans son attitude, parce qu'il ne veut pas que l'on découvre ce qu'il a à cacher. Aussi joue-t-il un rôle. A chaque instant, nous tous jouons un rôle. Notre grand problème est donc d'avoir une attitude corporelle correspondant au rôle que l'on joue. Si vous êtes le père, vous allez jouer le rôle du père. Vous ne voudrez pas montrer certaines choses à vos enfants et qui correspondent à votre vérité intérieure. Si vous êtes un patron, votre rôle doit correspondre au rôle de dirigeant. Vous devez avoir une certaine attitude, même si vous ne correspondez pas tout à fait à cette façade. Il existe toujours cette différence dans l'attitude en public entre la façade que l'homme montre, la façon dont il veut être perçu par les autres et ce qu'il est vraiment.

Je me souviens d'un homme qui était en train de mourir. C'était l'exemple même de l'homme parfait. Un homme d'une grande bonté, un excellent père, une intégrité absolue. C'est ainsi que les gens le voyaient. Il était près de la mort et je suis allé le voir. J'ai vu que quelque chose pesait sur son esprit et l'empêchait de se donner à la mort. Aussi lui ai-je parlé de moi pour lui donner la chance de parler de lui. Tout à coup il a dit : « Je vais vous raconter quelque chose. Voilà. Tout le monde considère que je suis un homme parfait. En vérité, je me lève toutes les nuits à deux heures. Je prends ma voiture et je vais jouer à la roulette jusqu'à six heures du matin. Puis je rentre et personne n'en sait rien. Voilà ce que je suis vraiment : un joueur. » C'est alors seulement qu'il a pu mourir, après avoir raconté cela.

Vous voyez alors cette différence entre ce que l'homme semble être pour les autres, il veut qu'il soit perçu, et ce qu'il est vraiment. Et c'est seulement dans la mesure où l'homme arrive à faire correspondre ses attitudes quotidiennes avec son Etre profond, qu'il vit autre chose qu'un mensonge. L'homme qui est naturel n'a pas besoin de jouer un rôle parce qu'il est ce qu'il est.

— *Cela implique en premier lieu de se connaître... et de se réaliser ?*

— Aussi je reviens toujours à cette polarité entre le moi existentiel dépendant des conditions extérieures, qui cherche la santé et la sécurité et l'Etre essentiel, c'est-à-dire la façon dont la réalité divine est présente en chacun de nous-même.

Il faut chercher ce qu'on a perdu, qui fait partie de nous et que nous n'avons pourtant pas encore retrouvé. Chacun de nous a sa propre surface qui est plus ou moins la réponse à ce qu'attend le monde de lui. Mais nous avons aussi un Etre intérieur qui est ce qu'autrefois on appelait « l'âme ». Pendant longtemps, il s'agissait d'une histoire parlant d'une âme éternelle, à laquelle on pouvait croire ou pas. Cela faisait partie de la religiosité de l'Eglise. « Cela ne nous concerne pas », disait-on hier. Aujourd'hui, pourtant, certains disent : « Tiens, il y a un noyau profond en moi-même. Si je ne suis pas capable de prendre contact avec lui, je ne me trouverai jamais moi-même. » C'est un développement tout à fait nouveau. On ne dit plus : « Ce ne sont que des sentiments, ce n'est que subjectif, cela n'a pas de réalité. »

Ce que l'on a défini comme n'étant « que subjectif » contient en fait les réalités qu'on ne peut pas toucher avec la conscience rationnelle. Le noyau de l'homme n'est pas l'objet d'une croyance mais la base d'une foi, grâce à des expériences. La foi est autre chose qu'une croyance. La foi est l'expression d'une expérience.

— ***L'un de vos premiers livres traduit en langue française et qui a beaucoup contribué à vous faire connaître en France, s'intitule*** Hara[18]***. Nous parlions de l'expression « être bien dans sa peau », vous, vous diriez « être dans son hara »...***

— Oui. Le hara est une expression japonaise qui littéralement veut dire « ventre ». En vérité cela désigne pour l'homme une façon d'être là qui le débarrasse de sa méfiance vis-à-vis de quoi que ce soit. Je vous donne un exemple. Aujourd'hui, la plupart des gens vivent dans une angoisse continuelle pour leur sécurité. Alors pour être sûrs d'eux-mêmes, ils ont une attitude physique avec les épaules en l'air, ce qui, pour le moi existentiel, marque l'attitude dans laquelle il est sur la défensive. Une attitude de qui-vive. Il est sans hara. Etre enraciné dans ses épaules veut dire être dans un état de méfiance : « Il faut faire attention. Peut-être est-ce que le sol sur lequel je marche n'est pas très sûr. Je dois faire attention de ne pas perdre. Je vais peut-être rencontrer quelqu'un qui m'est désagréable, je dois tenir le coup. » On est toujours en train de défendre sa sécurité.

L'autre attitude, c'est d'être enraciné dans son bassin. Les Français disent : « Cette personne n'est pas dans son assiette. » C'est-à-dire, elle est de mauvaise humeur, ça ne va pas. Le hara, c'est l'assiette, c'est le bas-ventre. Deux ou trois centimètres en dessous du nombril, il y a des muscles qui sont mis en avant. Il y a une force dedans, c'est le hara.

Tous les grands personnages de l'histoire ont un hara. De Gaulle avait un énorme hara. Celui qui est dans son hara, on ne peut pas le renverser. Si, à l'improviste, on lui donne un coup dans le dos, il ne bouge pas. S'il a le hara, il n'est pas nerveux. J'ai souvent rencontré des jeunes qui devaient aller à un examen : je les mettais dans leur hara en leur tapant sur le ventre. Je leur ai dit : « Lorsque vous rentrez dans une salle d'examen, rentrez avec hara. » Par la suite, quelques-uns d'entre eux m'ont raconté qu'étant dans leur hara, ils trouvaient très drôle de voir les visages importants des professeurs. « Cela ne me faisait plus rien, disaient-ils et j'avais toute ma mémoire disponible. »

L'homme sans hara, sur le qui-vive, a naturellement une mémoire qui ne marche pas si bien.

Le hara c'est encore une façon d'être là qui relie à ce

que les Japonais appellent le *ki*, et les Chinois le *chi*. C'est une force universelle à laquelle nous participons tous, dont nous ne savons rationnellement rien, mais qu'il faut apprendre à connaître, à sentir et à utiliser. C'est une force, comme la puissance atomique, elle est au-delà du bien et du mal. Si vous disposez du ki, vous êtes capable de choses que vous ne pourriez pas faire sans cela. Par exemple, vous étendez le bras, et avec votre volonté, vous essayez d'empêcher un autre de plier ce bras. C'est un acte de volonté. Une personne plus forte vous fera plier le bras. Si vous avez le ki, vous laissez le bras tendu tout simplement être là. Personne ne sera capable de le plier, pourtant vous ne faites rien.

Un autre exemple : vous formez un O avec le pouce et l'index et vous demandez à quelqu'un de séparer les deux doigts. Si vous utilisez votre volonté, vous allez très vite montrer que cette personne est plus forte que vous. Si, par contre, vous laissez tout simplement les deux doigts l'un sur l'autre sans appuyer et que vous laissez passer le ki, personne n'est capable d'ouvrir les doigts. Le ki c'est une force universelle, nous y participons tous, mais nous ne savons pas nous en servir. Le hara c'est justement une façon d'être là qui vous met en contact avec le ki.

Le Christ avait le hara. Sur les images qui le montrent en tant que Christ-Roi, il a le hara. Le hara est une force sans laquelle on ne peut rien faire, qui n'est ni bonne ni mauvaise. Les dictateurs ont également le hara.

— *Le hara et donc le ki peuvent être utilisés contre l'humanité ?*

— Naturellement. Le diable a un très beau hara. Les cambrioleurs ne réussiraient jamais leur coup s'ils n'avaient pas de hara. Il y a l'expression : « avoir du toupet ». « Il en a du toupet ! » Un homme qui a du toupet a le hara. Il prévoit inconsciemment un danger et se met en garde, dans une attitude corporelle difficile à renverser. Quelqu'un qui a connu le hara, face à un problème difficile où il se mettrait à trembler, se met dans son hara, et tout de suite il trouve le sang-froid. Tout de suite.

— *Qu'est-ce qui fait qu'une personne utilisera le ki pour le bien ou pour le mal ?*

— Qu'est-ce qui fait la différence entre une force atomique qui sert au bien ou au mal, pour faire de l'électricité ou des bombes ? Tout dépend de la façon dont vous vous en servez.

— *Il faut donc en permanence conserver la conscience de ce que l'on est et de ce que l'on fait... Etre vigilant...*

— La vigilance, c'est la vertu principale sur le chemin intérieur. Parce que celui qui est sur le chemin intérieur est toujours séduit par son moi existentiel et risque de lâcher le fil qui le relie à la profondeur. Il faut donc faire attention à chaque instant, car à chaque instant nous sommes en danger de retomber dans une attitude dirigée par le moi existentiel et ainsi perdre contact avec l'Etre profond. C'est ce que veut dire le Christ : « Veillez afin de ne pas entrer en tentation. » C'est une parole que l'on pourrait appliquer à toute situation de la vie quotidienne.

— *Pourrait-on parler d'un hara de la pensée à l'image d'un hara du corps ?*

— Naturellement, on peut parler du hara dans beaucoup de sens. On peut parler du hara dans le mariage ou dans un couple. On peut aussi parler du hara de l'esprit. Le hara est toujours une façon d'être là en tant qu'homme entier, dans la totalité de son être et qui s'est libéré de toute méfiance. Il a en lui la force qui le rend capable de ne jamais perdre son équilibre. L'homme équilibré aura d'autres résultats, même dans des recherches rationnelles ou des problèmes de la vie. Il sait très bien qu'il ne peut pas faire le second pas avant le premier.

Si vous voulez travailler vite, vite, vite pour obtenir le résultat, vous n'avez pas le hara. Si vous avez le hara, vous pouvez attendre, vous n'avez pas peur de l'erreur, de l'échec ou du retard. Vous savez le rythme qu'il faut prendre. Vous avez besoin d'une certaine tranquillité. C'est cela le hara dans la vie quotidienne, dans les pensées, dans les décisions à prendre. Le hara n'est pas seulement votre façon d'être là où personne ne peut vous renverser et où vous êtes relié à une force cosmique qui vous rend capable de faire des « trucs » qui étonnent les gens et même de gagner de l'argent dans une foire. Mais le hara peut être la base même d'une attitude juste sur le plan rationnel.

— *A propos du corps, la tradition chrétienne a pendant longtemps enseigné qu'il fallait mater le corps, le dresser comme un animal. Aujourd'hui, il faudrait plutôt le laisser faire. Qu'en est-il ?*

— C'est au fond une question sans réponse. On ne peut pas simplement se laisser aller totalement. Pourtant le corps est l'expression d'une âme, l'expression de quelqu'un qui est un être humain, qui n'est donc pas un animal. Il y a une façon de se laisser aller qui ne va pas pour l'homme. Par exemple se laisser prendre par chaque émotion. Si on a mal et que tout de suite on se met à crier, on n'est pas maître de son corps. L'enfant apprend à se servir de sa cuillère et de sa fourchette pour manger d'une façon « humaine », sans dévorer comme l'animal. L'éducation, à la base, consiste au fond de sentir et de trouver un plaisir dans une attitude qui distingue l'homme de l'animal. Ce ne sont pas seulement les classes aisées de la société qui enseignent cela à leurs enfants, mais aussi les gens simples.

Un homme qui maîtrise son corps, cela signifie également qu'il sait éviter de montrer ses émotions et que chaque émotion prenne le dessus.

L'hystérie, par exemple, qu'est-ce que c'est ? Louis XIV disait « l'Etat c'est moi ». L'hystérique pourrait dire : « Mes états, c'est moi », c'est-à-dire, « je suis mes états ». Il n'a pas de conduite proprement dite. Il est en quelque sorte victime de ses états. De même, certaines attitudes de l'homme témoignent qu'il est maître de lui-même et non pas victime de ses instincts.

— *La libération du corps a une autre conséquence : le souci de la beauté physique...*

— Notre siècle, en Occident, a découvert le corps comme quelque chose qui est important et qui peut être beau. Le corps comme tel est beau. Ce n'est pas quelque chose qu'il faut cacher. Etant enfant, je me souviens encore des bains de mer. Mon père avait un habit de bain qui lui tombait jusqu'aux mollets et ma gouvernante avait un habit fermé jusqu'aux chevilles. Aujourd'hui, sur les plages, même le soutien-gorge s'en va. Quelle différence !

En même temps, il y a la découverte du corps, que le corps est beau et qu'on n'a pas à le cacher. Il est accepté comme faisant partie de l'homme ; aujourd'hui, les jeunes cherchent à le développer.

Dans la thérapie on se rend compte que le corps fait partie de l'homme entier. C'est la différence entre le corps qu'on « a » et le « corps qu'on est », dont nous avons parlé.

— *Mais la découverte actuelle du corps et de la beauté ne se limite-t-elle pas au corps qu'on a ?*

— Bien sûr. Le corps extérieur peut être quelque chose de bien formé. C'est le corps qu'on « a ». Mais ce n'est pas simplement extérieur. Il faut également distinguer le corps en entier et le visage. La femme qui découvre ses premières rides cherche un maquillage pour les effacer et paraître jeune. Elle a une nostalgie de la jeunesse. De l'autre côté, l'âge exprime quelqu'un qui a vécu une vie. La femme qui a une certaine maturité sera plutôt fière de ne plus avoir le visage d'une jeune fille, mais de témoigner avec les changements de son visage un développement de la maturité.

— *Vous parlez de la beauté d'une personne mûre. Or, aujourd'hui l'image de la beauté c'est celle d'une personne de vingt ans. La beauté d'une personne de 50 ans n'est pas une valeur reconnue...*

— Cela existe pourtant la beauté d'une femme de 80 ans et où se voit sur son visage toute une vie vécue. La beauté du vieux est l'expression d'une vie vécue. Elle peut être vécue en s'exprimant dans beaucoup de rides. L'ensemble donne une impression de profondeur. Ce visage peut aussi exprimer une amertume ou une sérénité. La sérénité est une forme de beauté. Le visage plein d'amertume rejette celui qu'on rencontre par une expression amère : « Je ne veux pas de toi. » C'est une façon d'être laid. Il y a un visage qui accueille, un autre qui repousse. La beauté ne peut donc pas simplement se créer avec un maquillage. C'est l'expression d'un cœur ou d'un manque de cœur.

Une figure peut être laide parce qu'elle exprime quelqu'un de jaloux ou qui a peur, qui est effrayé, toujours sur le qui-vive, contrairement à une personne bien dans sa peau qui n'a pas peur, qui ne recherche pas avec avidité à être reconnue comme quelqu'un d'extraordinaire. Le visage exprime toujours quelque chose. La femme qui croit être belle parce qu'elle est bien maquillée, c'est une erreur. Du reste, cette beauté artificielle est une beauté pour les personnes superficielles. C'est le « make-up » qui fait la beauté. Il ne s'agit plus d'une beauté qui exprime un être intérieur. La beauté du visage sera là dans la mesure où elle exprime une vérité et qu'il n'y a rien de caché. La beauté, c'est de se présenter tel que l'on est d'une façon naturelle.

— Là, il s'agit du visage, mais le corps dans son ensemble exprime également l'intériorité.

— Certes oui. Le corps, mais également la façon de bouger et surtout la façon de se donner. Cela fait partie de la beauté. La grâce, par exemple, est très importante. J'ai un collègue psychologue qui, en regardant le corps nu de son patient, peut vous raconter toute la vie de cette personne. C'est la vie de l'homme qui forme le corps. Ou bien, le corps est le résultat d'une vie. Naturellement, il y a le physique : on est plus ou moins grand, plus ou moins gros, etc. Mais si vous considérez le corps comme l'ensemble des gestes exprimés, alors il est l'expression d'une vie. La beauté du corps dépend également de ce que l'homme a digéré les expériences mauvaises de sa vie, autant que les bonnes. Il y a des tensions, par exemple la plus connue, l'homme de notre temps est toujours sur le qui-vive, ce qui se traduit par le fait qu'il a les épaules en l'air, ce qui veut dire qu'il n'a pas de bassin. Il est toujours en haut mais jamais bien dans son bassin. L'homme qui est bien installé dans son bassin représente quelqu'un sans méfiance. L'homme qui est toujours dans ses épaules est dans un état de méfiance. On voit donc que la façon dont l'homme envisage la vie se traduit dans des attitudes permanentes qui, elles aussi, forment le corps qu'on a.

— *La nourriture, n'est-ce qu'alimenter son corps ?*

— Certainement pas. Il suffit de voir la différence entre le gourmet et le gourmand. Pour le gourmet, le repas est un chef-d'œuvre dans sa composition. C'est comme une œuvre d'art. Je me souviens très bien de mon professeur de psychologie qui avait l'habitude de dire : « Le repas est un culte où se rassemblent les amis de la famille. » Il doit être une occasion de « culte », et pas seulement le fait de contenter sa faim.

— *Dans tout ce que vous dites revient toujours l'idée qu'à travers la façon d'être dans l'existence s'exprime la qualité d'être dans la profondeur.*

— Pas toujours dans la profondeur, mais dans la maîtrise du corps par une certaine réserve. Il faut que l'homme ne soit pas victime de ses instincts. Par exemple, même s'il a très faim, cela ne devrait pas changer la vitesse à laquelle il mange. Il ne devrait pas faire un geste qui représente plutôt le fait de dévorer que de manger. Il faut connaître la mesure de la maîtrise que l'on a sur ses instincts. Se rapproche-t-on de l'animal ou de l'être humain, au sens plein du terme ?

La façon de se donner dans son corps représente l'image que l'on se fait de l'homme, en tant qu'être ayant justement la maîtrise de son corps. En mangeant, il ne dévore pas, il mange. Il y a mille choses pareilles. Dans un restaurant, quelqu'un qui parle comme s'il était seul manque de respect pour les autres.

— *C'est une question de respect des autres ?*

— C'est surtout une question de devoir vis-à-vis de soi-même. Le corps est autre chose qu'une « machine » exprimant les gestes les plus grossiers de l'homme. Il existe un âge où l'adolescent aime à se donner des airs de grossièreté, mais c'est en opposition contre toutes les bonnes manières appréciées. C'est son droit, mais un beau jour il se rend compte qu'il n'exprime pas le respect des autres. La maîtrise de ses désirs donne la mesure de soi-même.

— Il règne aujourd'hui une ambiance pénible dans la société en ce sens qu'elle est fortement imprégnée de sentiments tels que la peur, l'angoisse, la banalité et l'indifférence. En ce qui concerne l'angoisse, il est très curieux de voir comment un souci relativement minime, c'est-à-dire qui ne porte pas atteinte à sa vie ou à celle d'un proche, crée tout de suite l'angoisse. « Ça m'angoisse », c'est une façon de parler courante mais qui est plus qu'une façon de parler. Comme si, dépassant la vie individuelle, il s'agissait d'une angoisse collective. Que traduit cette angoisse ?

— Il y a des personnes qui sont toujours un peu angoissées. Pourquoi ? Parce qu'elles restent sous le coup d'une enfance où l'enfant avait peur des colères du père ou des interdictions de la mère. Ces personnes gardent toujours elles-mêmes une angoisse sans cause extérieure.

Il faut faire la différence entre l'angoisse et la peur. La peur est un sentiment causé par quelque chose d'existentiel. Si, le matin, vous vous réveillez avec une angoisse, la première chose que vous faites c'est de regarder autour de vous pour savoir si une cause précise devrait vous faire peur. Vous cherchez à traduire cette angoisse en peur. L'angoisse comme telle n'a pas de cause définie, mais elle peut être définie comme « la peur d'être avalé par l'Etre profond ».

Aujourd'hui, l'angoisse qui s'empare de la plupart d'entre nous est le pressentiment que quelque chose de terrible peut arriver. Il peut s'agir d'une guerre ou d'un grand « krach » économique. On peut avoir cette impression qu'il y a quelque chose dans l'air qui met tout le monde plus ou moins dans un état d'angoisse.

Mais, si vous êtes branché sur le plan intérieur, vous n'avez pas peur de la bombe atomique. Pour vous, si la bombe arrive alors, ce sera une autre façon de mourir, et vous n'avez pas peur de la mort. Je crois que c'est là un problème fondamental. La présence de l'angoisse vient de la peur de la mort, qui est une chose tout à fait normale pour l'être existentiel. Mais celui qui est branché sur le plan profond sait très bien que la mort est la thérapeute de la vie. Et que c'est justement de la façon d'accepter la mort que dépend le développement intérieur.

Si quelqu'un découvre qu'il a un cancer, lorsque le médecin lui annonce : « Je dois vous dire que vous avez un cancer. » L'un va dire : « Voilà, tout est fini », parce qu'il sait qu'on ne peut pas guérir son cancer et qu'il va mourir. L'autre va se dire : « Vivre avec le cancer en m'approchant de la mort, c'est cela qui me fera avancer sur le plan intérieur. »

— *Le problème qui se pose, c'est que l'angoisse est une sorte de paralysie qui développe un sentiment d'impuissance vis-à-vis de cette angoisse. Impuissance qui accroît l'angoisse. Peut-on briser ce cercle vicieux ?*

— En reconnaissant qu'il y a quelque chose au-delà de la mort et que l'on a une chance de s'y enraciner.

— *Il faut donc une prise de conscience...*

— De sa profondeur ! De ce que l'on est en tant que présence de l'Au-delà en chacun de nous, comme noyau. Si vous n'avez pas cette conscience, la mort reste l'ennemi. C'est toute la différence entre le médecin et le thérapeute. Le médecin, à la suite d'Hippocrate, a le devoir d'enlever les douleurs et de repousser la mort le plus loin possible. Tandis que le thérapeute, dans le sens ancien du mot, c'est le « compagnon sur le chemin ». Et chaque pas en avant sur ce chemin présuppose la douleur, c'est-à-dire une petite mort. Finalement la mort est la grande chance pour l'homme de témoigner son enracinement dans la réalité qui est au-delà de la vie et de la mort.

— *Pour fuir la douleur, on recherche le plaisir...*

— Voulez-vous dire que le contraire de la douleur, c'est le plaisir ? Mais l'opposé de la douleur, n'est-ce pas de se sentir bien ? Pourtant, ce n'est pas encore le plaisir.

— *Pascal a écrit un opuscule,* Du bon usage de la maladie. *De la même façon, ne pourrait-on pas parler d'un bon usage de la douleur et du plaisir ?*

— L'usage de la douleur, c'est de comprendre la douleur comme une épreuve et de la supporter. Par exemple, dans la méditation zen, il y a un stade inévitable pour le débutant, lorsque les genoux commencent à lui faire mal. Et ça fait très mal. Et ça fait encore plus mal. Et vient le moment où ces douleurs sont insupportables. Un jour, quelqu'un a demandé au maître : « Que faut-il faire avec les douleurs ? Elles sont absolument insupportables. » Le maître a répondu en souriant : « Coupez votre jambe. Elle ne vous fera plus mal », pour dire : il n'y a qu'à la supporter. Mais c'est insupportable. Alors il faut supporter l'insupportable. Il y a deux façons d'y arriver. D'abord on peut dire : « J'ai tenu le coup. C'était insupportable mais j'ai tenu le coup. » L'autre façon de « tenir le coup », c'est d'accepter de mourir à travers la douleur. Supporter l'insupportable vous fait avancer d'un petit pas sur le chemin intérieur.

Tandis qu'en général, l'homme, dès qu'il a mal, ne pense à rien d'autre que d'enlever la douleur. C'est tout à fait normal. On ne serait pas normal si, ayant mal aux dents, on n'allait pas chez le dentiste.

Par contre, durant l'adolescence, il y a un moment vers 10-14 ans où le garçon aime à se faire mal et à supporter la douleur. Il se fait mal lui-même avec un clou. Il cherche la douleur.

— *Dans le cas du plaisir, il n'y a plus le problème d'accepter puisque justement c'est un plaisir et que le plus souvent il est recherché pour lui-même.*

— Naturellement, c'est bien de jouir d'un plaisir : sortir d'un bon repas, faire un beau voyage ou voir un beau spectacle. Mais aussi longtemps que vous vous servez du mot plaisir, ce n'est pas encore très profond. Tandis que le mot joie va plus loin et le mot bonheur encore plus loin.

— *Quelle différence faites-vous entre les trois ?*

— Je distingue trois plans. Le plaisir c'est de participer à quelque chose d'agréable dont vous jouissez. Avec la joie, un axe plus profond se trouve touché. Par exemple, pour la mère, c'est une joie que son enfant réussisse à l'école. Ce n'est pas un plaisir. Le bonheur est une joie qui vous pénètre profondément.

— *Est-ce que l'on trouve les trois plans équivalents pour le malheur ?*

— Vous avez la douleur physique, la tristesse et le désespoir. S'il fallait les mesurer, ce serait en fonction du pouvoir de les accepter ou pas. Sur le plan de la douleur, il existe l'inacceptable. Par exemple, si vous perdez votre épouse dans un accident de voiture : vous arrivez et voilà, elle est morte. C'est une douleur profonde. C'est inacceptable, mais c'est une étape sur le plan négatif pour s'approcher de l'âme. Et c'est grâce au fait que vous acceptez l'inacceptable que vous pouvez éprouver quelque chose de numineux.

Quels sont les trois points les plus noirs dans la vie ? C'est accepter la mort, accepter l'absurde et accepter l'isolement. Si vous êtes capable d'accepter l'inacceptable, il peut vous arriver, au moment même où vous le faites, « un blanc » dont vous n'avez jamais rêvé jusqu'à présent.

Vous pouvez voir cela chez le moribond. Alors qu'il s'est défendu contre la mort et qu'à présent il est en train de mourir, tout à coup il accepte de mourir, alors il a un grand sourire et passe de l'autre côté comme le psychologue Jung en murmurant : « How wonderful, how wonderful. »

Il y a des gens qui, à cause de leur éducation, ne s'autorisent pas à avoir de sentiments. Ils sont durs et maintiennent leur attitude d'une façon rigide. Ils ne se laissent jamais toucher par quelque chose. C'est l'exemple du gentleman anglais qui garde toujours une réserve. Jamais l'expression d'une déception ou d'une douleur.

Mais en supprimant chaque expression de ce que vous ressentez intérieurement, il se passe deux choses en vous. D'un côté quelque chose se durcit et de l'autre quelque chose pousse et se développe. Cela arrive chez l'homme qui garde non seulement sa façade extérieure, mais également sa souveraineté intérieure. Il ne se permet pas d'être triste, ni d'être très joyeux. S'il a un équilibre parfait, il ne dévie ni à droite ni à gauche, en haut ou en bas, dans le noir ou dans le blanc ; il demeure toujours dans l'équilibre.

Bien sûr, on peut dire que cet homme-là perd beaucoup. Mais d'un autre côté, il y a beaucoup de choses qui ne le touchent plus. Dans la mesure où vous êtes capable de mûrir, il y a toujours moins d'événements qui vous mettent « hors » de vous, au sens propre.

Il y a des gens qui se fâchent facilement, d'autres qui se retiennent sans exploser, d'autres qui, finalement, explosent. C'est très bien si c'est leur vérité.

Parce qu'il y a une façon de refouler ses sentiments qui n'est pas bénéfique. Il faut en général pouvoir les exprimer. Eprouver de la tristesse doit vous permettre de pleurer. Alors le sentiment, étant exprimé dans le geste, devient total. L'homme qui dit : « Moi, je ne pleure jamais », en refusant le geste refoule le sentiment lui-même. C'est tout aussi malheureux de ne pas pouvoir pleurer que de ne pas pouvoir rire.

— *L'autre question, c'est le désespoir.*

— Le désespoir va beaucoup plus loin que la tristesse, car c'est une situation dans laquelle l'homme se voit sans issue. Il se voit emprisonné dans une situation pour laquelle il n'y a pas de solution. Alors comment se comporter ? La réponse est d'accepter ce qui vous fait désespérer. Par exemple, vous avez un travail où vous vous trouvez très bien et qui vous permet de faire vivre votre famille. Puis, un beau jour, vous recevez une lettre de licenciement. La première chose à faire, sur le plan intérieur, est de s'avouer que l'on est désespéré et d'accepter ce désespoir. Ne pas se dire : « Je ne dois pas me mettre dans un état pareil. Parce que moi d'habitude je tiens le coup. » Il faut reconnaître que l'on est un être humain qui peut être poussé au désespoir.

Il y a peu de temps, une femme m'a écrit une lettre. Elle me disait : « Ecoutez, je me trouve dans un trou et je ne peux pas en sortir. Aurez-vous ne serait-ce qu'un seul mot de consolation ? » Je lui ai répondu : « Madame, même si j'avais un mot de consolation, je ne vous le donnerais pas, parce que ça pourrait vous rendre capable de rester dans votre trou. » C'est au moment où la situation est désespérée qu'il faut savoir faire le saut.

Durant la guerre de 1914-1918 où j'ai combattu, il y avait des moments où l'on disait : « La situation est désespérée, mais pas sérieuse. » Peut-être une façon de dire : « J'accepte la situation sans issue et c'est pourquoi elle ne m'ébranle pas. » Mais accepter l'inacceptable, cela représente un état élevé de la maturité.

Autre exemple de situation inacceptable : l'absence de liberté. Après la guerre de 1914-1918, je me suis retrouvé en prison dans une cellule étroite et avec une petite fenêtre. D'un jour à l'autre, je me suis trouvé comme ça, tout à coup enfermé. J'y suis resté seize mois et, à la fin, il s'est avéré que c'était à cause d'un malentendu. Je n'ai jamais été interrogé. Je ne savais pas pourquoi j'étais en prison. Au bout de seize mois, difficile d'admettre un malentendu. Mais c'était une situation extraordinaire. On fermait à clé la porte et voilà que je pouvais méditer sans qu'on me dérange. Je dormais bien, je me réveillais avec un poème en tête.

A côté, toute la journée, j'entendais quelqu'un crier qu'il devenait fou dans cette cellule. On ne pouvait pas bouger. On ne pouvait même pas parler les uns avec les autres. On était vraiment isolés. Mais pour moi ce n'était pas une souffrance. Naturellement j'étais fâché de ne pas savoir la raison de cet internement. Je passais par des moments difficiles, mais le fait d'être enfermé dans une cellule ne m'a pas enlevé le sentiment d'être libre. Pour un autre, cela aurait tourné à la catastrophe. La liberté dépend du plan sur lequel vous vivez et de votre niveau de maturité.

La liberté, cela veut dire tout d'abord : se rendre où l'on veut et quand on veut. Lors d'un voyage à Moscou, je me souviens d'un Soviétique qui me demandait : « C'est vrai ? Dans votre pays vous pouvez voyager comme vous le voulez ? Ce n'est pas possible ! » La liberté, c'est aussi pouvoir faire ce que l'on veut. En ce sens le riche, parce qu'il a plus d'argent, a plus de moyens que le pauvre et est plus libre que lui. Mais certains pauvres sont beaucoup plus libres que les riches parce qu'ils se sont coupés de leurs petits désirs. Les Pères du désert qui n'avaient presque rien à manger étaient d'une liberté extraordinaire. Le mot liberté, comme tous ces mots dont on se sert trop facilement, a des sens différents selon qu'on envisage l'homme dans sa profondeur ou dans la vie de tous les jours.

— *En fin de compte, nous revenons toujours à cette attitude d'acceptation ou d'accueil, qu'il s'agisse du comportement vis-à-vis de l'autre, de la douleur ou de la mort. Est-ce une attitude centrale ?*

— Absolument, c'est une attitude centrale, qui se rapporte à la question : que peut faire l'homme pour mûrir ?

— *Vous avez parlé à plusieurs reprises du désir. Que ne fait-on pas au nom du désir aujourd'hui ? Lorsque les hommes du marketing parlent de besoins ils parlent en fait des désirs. La satisfaction des désirs est une clé de l'économie et de la politique.*

— Là où l'on parle de la satisfaction des désirs, il s'agit des désirs situés dans l'existence. Le désir fait partie des concepts de l'existence. Naturellement, on peut dire que l'on a un désir profond de trouver Dieu. Mais là il s'agit plutôt d'une nostalgie.

— *La façon dont on vit les sentiments vous amène finalement à vous poser des questions sur l'existence. Ce sont des signes de la façon dont la vie est vécue. Mais il existe des sentiments que l'on éprouve et qui sont une sorte de sentiment ni positif comme la joie, ni vraiment négatif comme la tristesse, mais plutôt des sentiments neutres. J'en cite trois : l'ennui, la banalité et l'indifférence. Ils ressemblent terriblement à un cancer psychique qui ronge les gens.*

— La cause de ces sentiments presque neutres et si répandus, c'est que la société organisée autour de la performance ne laisse pas de place pour l'être humain. La journée de travail aujourd'hui se passe dans une atmosphère sans cœur. L'homme en tant qu'être humain est ainsi éliminé huit heures par jour. Ce n'est pas étonnant finalement qu'il devienne indifférent à ce qui est humain. Les mots dans notre langue qui concernent l'humanité sont vides de sens.

— *Est-ce que la conséquence de cette exclusion n'est pas la recherche de sensations fortes, comme simulacre du bien-être. Sensations fortes dans les voyages, la culture, les loisirs, etc. ?*

— Vous avez tout à fait raison. Bien plus, cette sorte d'ennui est l'arrière-plan d'un désir d'expériences très fortes. Prenez donc le rôle que joue la cruauté dans les films. C'est devenu une généralité. Il y a comme une joie à regarder la cruauté, comme si l'ennui que trouve l'homme dans son travail quotidien exige de l'autre côté des impressions très fortes qui lui donnent le frisson. La banalité de la vie quotidienne d'un côté tue le cœur humain et de l'autre excite l'homme au cruel.

— *C'est donc un cercle vicieux. A cause de la banalité, on recherche des sensations fortes qui en retour émoussent et détruisent la sensibilité...*

— Absolument. Combien d'enfants passent leurs heures de « liberté » à tout regarder à la télévision ?

— *Parmi les images de cruauté que l'on peut voir, il y a celles qui ne sont pas inventées : ce sont les reportages. Est-il important de voir ce qui se passe : guerres et catastrophes, au nom de l'information ?*

— Qu'est-ce que cela veut dire important ? Pour qui ? Je crois que c'est surtout la recherche de sensations qui prime. Les responsables des médias cherchent des sujets intéressants mais qui agitent. C'est l'agitation que recherche l'homme d'aujourd'hui. Quoi que ce soit, il veut ressentir quelque chose de très fort, qui lui donne un choc ! Il y a donc une tendance à aller toujours plus loin dans les sensations fortes. Une des sensations c'est le meurtre, une autre c'est le sexe. C'est une perversion, en ce sens qu'il faut une excitation quelle qu'elle soit pour boucher le gouffre de l'ennui.

— En vous écoutant, on en vient à se demander : faut-il ne plus aller au cinéma et jeter sa télévision ?

— Pas du tout ! Il s'agit de vous-même ! Etes-vous intéressé par ces images ? Si oui, regardez. Si ça ne vous intéresse pas, coupez !

— Beaucoup se rendent compte que ça ne les intéresse pas et pourtant on entend : « Hier soir j'ai regardé la télé, ça n'était pas bien, mais j'ai laissé allumé, je n'avais rien à faire. » C'est un refrain bien connu.

— C'est l'expression d'une banalité extraordinaire. C'est triste qu'une personne ayant du temps de libre n'ait rien à faire.

— Finalement, la recherche de sensations fortes blesse l'Etre profond ?

— Si c'est l'Etre profond, il ne laisse pas entrer des choses pareilles. Mais l'homme dans son Etre existentiel devient de plus en plus émoussé. Autrefois, pour être touché, il fallait peu de chose. Aujourd'hui, il faut un choc très fort. Autrement, il ne vous touche pas.

CHAPITRE V

De l'adulte à l'enfant

— *Il semble qu'aujourd'hui, on soit à la recherche du féminin. Il ne s'agit pas de la libération de la femme qui, néanmoins, en est peut-être un signe, mais de la recherche de l'aspect féminin des choses...*

— On peut parler de l'homme et de la femme, ou plutôt du masculin et du féminin. Il n'y a pas de doute que notre siècle a redécouvert la femme dans sa valeur, et a reconnu que le yin n'est pas moins que le yang. C'est un fait que tout ce qui est science, rationnel, tout ce qui fixe, fait partie du masculin. Qu'est-ce que le masculin ou yang ? Le masculin pénètre, tranche et met en forme. Le féminin ou yin reçoit, réconcilie et dissout. Voilà les trois mouvements masculins et les trois mouvements féminins.

C'est une bonne chose pour chacun de se poser au moins une fois la question : « Où en suis-je ? Plutôt masculin ou plutôt féminin ? » Moi, par exemple, j'ai remarqué que dans ce que j'écris, je suis très yang, mais que dans mon travail de thérapeute, je suis beaucoup trop yin. Je cherche trop à harmoniser, à réconcilier, etc. On peut donc se demander où on en est soi-même.

C'est en connaissant cela que l'on peut juger ce qui se passe aujourd'hui dans cette redécouverte du féminin.

Il y a deux sortes de féministes. Les unes disent : nous sommes tout aussi capables que les hommes de faire de la politique, tous les travaux, même d'être soldat. Ce sont des femmes qui deviennent yang. Et puis il y a les hommes qui découvrent le côté yin en eux-mêmes.

Mais dans le développement de notre civilisation, le masculin est beaucoup trop fort. Le féminin au sens le plus large est celui qui ressent la profondeur. Il faut une attitude plutôt yin que yang pour se mettre à l'écoute de notre profondeur. Dans ce sens-là, ce type d'expérience est fait plus facilement par un esprit yin que par un esprit yang. Et le fait que l'on commence à reconnaître l'importance de cette expérience est dû à un mouvement yin.

Notre vie intime est basée sur le noyau essentiel dont l'expression dans la conscience est la base d'une foi. C'est ce qui fait la différence entre la foi et la croyance. La croyance est une religiosité basée sur les connaissances, sur une théorie, sur une « théo-logie », sur une « logie ». Tandis que la foi c'est une racine. Elle vient de la vie enracinée dans la profondeur divine que l'on est.

La théologie, la biologie, la psychologie, tout ce qui est « logie » est au fond une contradiction. Car il n'existe pas de « logie » dans tout ce qui est vivant. A la place de tous ces « logie » on devrait mettre le mot « sophie »[19]. On devrait parler de la biosophie, de la psychosophie. Le mot théosophie est déjà utilisé[20]. Ce ne sont que des mots mais ils indiquent quelque chose d'important.

— *Cet excès de yang, accompagné d'un retour au yin, repose-t-il le problème des relations homme-femme ?*

— Nous avons déjà parlé des champs privilégiés où faire des expériences de l'Etre : il y en a quatre. C'est tout d'abord la grande nature : le silence de la forêt par exemple. C'est ensuite l'érotisme. Puis l'art : chaque œuvre d'art est transparente pour la transcendance, autrement c'est une croûte. Enfin, c'est naturellement le culte.

Alors, l'érotisme. Là il faut faire la différence entre l'érotisme et la sexualité au sens de « sensuel ». Une caresse très fine peut aider à découvrir une profondeur extraordinaire qui est autre chose que l'intensité d'une expérience sexuelle. Il faut faire la différence entre la profondeur d'un sentiment et son intensité. Souvent on ne les distingue pas. Et c'est ce que je vois chez tant de femmes qui viennent me voir, et qui ont été blessées par un manque de subtilité de la caresse de l'homme. Il y a des femmes qui sont mariées depuis vingt ans et qui n'ont jamais été caressées au propre sens du mot. Une fois, par exemple, je passe ma main, comme une caresse, sur le visage d'une femme pour lui enlever la peur. Elle me dit alors : « Que faites-vous là ? Les hommes vous touchent partout mais jamais ils ne vous caressent le visage. »

— *La sexualité, n'est-ce que le plaisir ou la sensation ?*

— La sexualité, c'est le fait que la dualité entre deux personnes soit dépassée, dans l'acte sexuel justement. L'un se fond dans l'autre. Pour un moment, deux ne font plus qu'un. Si la sexualité apporte le fruit qu'elle peut apporter, chacun peut ressentir une grande profondeur. Il y a disparition du moi existentiel dans une réalité qui dépasse l'homme dans son ego. Alors se fondre dans la profondeur de l'acte sexuel peut être la source d'un renouvellement du moi. On n'est plus le même si on a eu le courage de s'éteindre totalement dans l'autre. Ce qui est beaucoup plus difficile pour l'homme que pour la femme. La femme a le problème de pouvoir s'ouvrir et de pouvoir se lâcher. Pour l'homme c'est le problème de dépasser sa conscience objectivante, c'est-à-dire celle qui fait de l'autre un objet. Il y a très peu d'hommes qui sont capables d'éviter de faire de la femme, au moment de l'amour, un objet de jouissance. En général, l'homme garde toujours une certaine distance, il ne se perd pas totalement dans l'érotisme et même pas dans la sexualité.

Il faut donc bien différencier l'érotisme et la sexualité. L'érotisme, c'est la caresse, ce toucher très doux que malheureusement beaucoup d'hommes sont incapables de faire. L'érotisme peut avoir une profondeur en éveillant le corps éthérique, qui dépasse absolument la profondeur de la sexualité. L'acte sexuel peut avoir une grande intensité sans profondeur, tandis que la caresse peut avoir une profondeur extraordinaire sans intensité. C'est là la différence. L'érotisme, c'est la caresse. La sexualité, c'est l'acte sexuel.

— *Et puis, il y a l'amour. Qu'est-ce que c'est au fond que l'amour ?*

— Quel que soit le contexte dans lequel on parle d'amour, il y a toujours la situation suivante : on se sent en séparation avec quelque chose ou quelqu'un avec lequel pourtant on se sent un dans sa profondeur. L'amour est toujours cette ambiance d'une union et cette poussée vers une union véritable.

Dans la mesure où vous êtes capable de vous débarrasser de toutes sortes de choses accessoires, vous entrez de plus en plus dans la Réalité du grand Un. Entrant là-dedans, vous entrez en méditation dans un contact universel. Vous ne vous demandez plus alors l'amour

« avec qui ? » car c'est un contact avec le « Tout », contact qu'on peut aussi appeler l'amour.

Qu'est-ce que c'est donc que l'amour ? Quelque chose qui vous embrase, qui vous nettoie, vous donne de la chaleur, qui vous met à l'abri. C'est la découverte de ce que vous ne faites plus par vous-même mais qui vient vers vous. C'est la découverte de bras qui vous embrassent d'une telle façon que vous êtes vous-même capable d'embrasser. C'est cela qui s'ouvre là. Et ce n'est pas le petit « bien-faire ». C'est l'amour en tant qu'état et non pas en tant qu'addition de choses que l'on sent bien. D'abord parce qu'il y a une façon de faire du bien qui en fait ne fait pas du bien. Parce que c'est une routine. Je me souviens, dans un village où j'habitais, d'une femme qui aidait un curé. Elle « faisait du bien » toute la journée ! Elle arrivait avec sa soupe chez les pauvres. Et tout le monde avait peur quand elle arrivait parce qu'elle avait une telle anxiété de « faire du bien » toute la journée !

Dans un monastère au Japon, il y avait un maître zen qui passait toute la journée à travers son monastère. Il rendait visite à tout le monde et aussi au cuisinier qui était communiste. Et ce communiste lui dit : « Maître, croyez-moi, je ne pense pas du tout à moi. Je pense aux autres Toujours, en préparant les repas, je me dis qu'il faut que ce soit bien, pour qu'ils aiment ça. Je pense aux autres. » Et un beau jour, il a le courage de demander au maître : « Et vous, maître, à quoi pensez-vous toute la journée ? — Moi ? Mais je ne pense qu'à moi. »

Croyez-moi, ce n'est pas de son ego qu'il parle. Il pense à ce que, lui, il est au fond. Ce que nous sommes tous au fond : une seule chose, une Essence, qui, dès qu'elle nous touche, nous rend chacun capable d'en témoigner à sa façon.

— *Pouvez-vous développer cette distinction entre l'ego et l'Essence ?*

— On parle parfois d'une contradiction entre le Moi et l'Essence. Parlant du moi, il faut faire attention. Il y a le petit moi, toujours anxieux de survivre, cherchant à se maintenir, cherchant la jouissance plate et superficielle et qui ne fait que défendre sa sécurité. Ce qui aboutit à l'homme arrivé, le petit-bourgeois, sûr d'avoir son bifteck. Ça, c'est le « petit moi ». Il y a aussi le Moi : le « Moi existentiel ». C'est l'homme social, pas simplement le petit ego, mais dans un sens plus large ; celui du Moi qui est capable d'accepter et de respecter des valeurs : c'est l'homme qui est capable de répondre aux règles de la société.

Mais là n'est pas encore le contact avec l'Etre essentiel. Et c'est là la difficulté. Je crois que la première entrée dans la Transcendance consiste en la découverte des valeurs, c'est-à-dire que l'homme est capable de respecter la vérité, ce qui est bien et ce qui est beau, non pas pour son moi, mais pour ce qu'il n'est pas lui-même. C'est déjà là quelque chose de transcendant qui touche l'homme existentiel. Là, le moi a une chance d'une certaine profondeur. Mais il faut faire un saut pour arriver de ce moi à l'Etre, à la conscience de l'Essence.

Parfois, c'est même la conscience du Moi qui est l'obstacle à la découverte de l'Essentiel, qui peut parfois vous forcer à faire quelque chose qui est une gifle pour la conscience existentielle. Le Christ a donné des exemples là-dessus. Par exemple, ce jeune homme que j'ai cité plus haut : il veut suivre le Christ mais doit enterrer son père. Le Christ lui dit : « Laisse donc les morts enterrer les morts ! » Quelle gifle pour cet homme enraciné dans sa tradition où l'enterrement est une chose capitale. Lâcher tout ça pour suivre le Christ ! Cela signifie que la conscience issue de l'essentiel peut exiger un acte impossible du point de vue de l'éthique. J'ai eu moi-même ce type d'expérience.

C'était après la Première Guerre mondiale. En Allemagne, il y avait le danger communiste. Des régiments étaient formés pour aller contre les spartakistes. Officier ayant survécu à la guerre sans avoir été blessé, je me suis occupé de l'un de ces bataillons. Mais la nuit même, avant de partir, je me suis réveillé sachant d'une manière absolue : « Ton temps de soldat est terminé. Tu ne peux pas partir avec les autres. » Qu'on s'imagine un jeune officier qui a juré fidélité et qui dit : « Je ne pars pas. » C'était impossible ! Pourtant, pour moi, il n'y avait aucun doute là-dessus. Je me suis présenté chez le colonel et lui ai dit : « Voilà ma situation. J'ai cette voix d'une conscience absolue. Je ne peux pas partir avec vous. » Il m'a regardé. Heureusement, nous avions été ensemble au feu dans une cinquantaine de batailles durant la guerre. Il me connaissait et savait que ce n'était pas la peur. Il a vu qu'il n'y avait rien à faire, alors il a accepté. C'était une expérience de la conscience absolue. Par la suite, j'ai encore eu deux ou trois expériences pareilles.

Dans la conscience se montre la réalité de cet Etre profond que nous sommes. Le Christ lui-même dit : « Il faut que tu me découvres en toi-même. » Jésus, c'est un être de l'histoire qu'on appelle le second Adam, parce qu'il a non seulement fait l'expérience du divin dans son cœur, comme l'avait préché Krishna trois mille ans avant lui, mais qui a ressenti le devoir dans l'épreuve en tant que personne. C'est lui qui a découvert le moi en tant que personne et témoin du Divin dans le monde, qui ne se contente pas comme l'homme de l'Orient, le Bouddhiste, de devenir la lumière lui-même, de rester dans la lumière. C'est cela qui est important : être touché par cette lumière. Mais c'est tout autre chose d'y participer dans l'épreuve ou dans le monde.

Pour en revenir à l'amour : l'amour veut dire que deux deviennent un. C'est toujours la réconciliation de deux pôles. Mais justement si c'est une relation profonde, cette union a comme sens que chacun des deux sort de l'union en étant un peu plus lui-même et gagne en profondeur dans son Moi essentiel. Mais dès que les deux « collent », alors c'en est fini avec la possibilité de développement. Il faut toujours à travers l'union retrouver un Moi plus profond. Le Moi se mêle à l'autre, dans cette union juste qui s'enfante, pour ainsi dire dans une nouvelle personnalité. Grâce à l'amour, l'être devient de plus en plus lui-même. Mais nous connaissons des couples qui sont tellement collés l'un à l'autre que leur développement est en danger, en tant que personne. L'amour doit donner la chance à chacun de devenir de plus en plus lui-même. Dans un véritable couple, c'est l'autre qui compte, il faut avoir ça en vue.

— *Mais un jour l'enfant arrive, c'est un nouveau pôle d'attention...*

— Tout d'abord la mère, dès qu'elle donne naissance à un enfant a beaucoup à faire avec lui durant plusieurs années. C'est l'enfant qui compte. Le rôle de mère passe en premier. Mais beaucoup de femmes se trouvant sur un chemin spirituel ont peur qu'avec l'enfant, leur vie spirituelle soit finie. Au contraire, le bébé apporte une nouvelle façon d'expérimenter l'Etre. Il faut prendre le bébé au sérieux, parce qu'il participe encore de l'Etre. Je me souviens un jour où l'une de mes élèves m'apporte son bébé de trois semaines et le met dans mes bras. Eh bien, c'était un moment d'une grande expérience. J'avais l'impression d'avoir dans mes bras l'univers entier, d'être relié à l'Etre universel. De bien observer un nouveau-né surtout dans la première année et surtout pour celui « qui a des yeux » peut apporter des expériences de l'Etre, retrouver un contact avec l'Etre qu'il a perdu de vue. L'enfant naturellement apporte beaucoup de travail et pousse les parents sur un plan matériel. On croit que beaucoup de choses spirituelles semblent perdre de leur valeur. Mais ce n'est pas vrai.

— *Evoquant ce contact du nouveau-né avec l'Etre, que peut-on penser de l'avortement ?*

— Par rapport à l'avortement, on peut avoir des attitudes différentes. Dans la vision de l'Eglise, c'est un crime contre la nature. Pour beaucoup de femmes et d'hommes, c'est un problème de conscience. Beaucoup de femmes ayant avorté m'en ont parlé. Pour toutes, c'était une expérience affreuse. Il faut donc distinguer les attitudes générales, comme celle que prend l'Eglise, et les décisions individuelles. Il existe des situations où la venue d'un enfant sur terre posera des problèmes inhumains.

Je me souviens du rêve que m'a raconté une femme, dans lequel elle voyait quelqu'un qui, au loin, creusait la terre avec une pelle. Le lendemain, elle rêve encore une fois la même chose. Et le lendemain à nouveau. Et voilà qu'un jour sort de terre un embryon. Alors, cette femme se souvient qu'il y a vingt ans, elle a avorté et, pendant tout ce temps, cela a pesé sur sa conscience, et voilà que cela ressort dans les rêves. Pour la femme, l'avortement est quelque chose qu'elle ne peut pas oublier.

— *L'enfant, en grandissant se coupe de sa relation originelle avec l'Etre...*

— Et à 18 ans, les enfants quittent la maison, alors vient le jour où la femme qui d'abord était jeune fille, épouse, mère, maintenant que les enfants s'en vont, peut dire : « Je peux être Louise ou Françoise... Je peux être moi-même. » Elle peut commencer une nouvelle vie. Alors la femme de 45-50 ans peut commencer une vie personnelle qu'elle n'a pas pu vivre avant ça. Mais c'est un moment très important pour elle de savoir se séparer de la vie qu'elle a vécue jusqu'alors et cesser de jouer le rôle qu'elle a joué. Il y a des mères qui ne peuvent jamais cesser de jouer le rôle de mère. Alors que d'autres femmes disent : « Je veux vivre ce que je suis au fond. » Elle peut commencer une nouvelle vie. C'est cette partie de la vie qui contient la plus grande chance.

— *Et pour l'homme ?*

— Aujourd'hui, en psychologie, se pose également le problème des hommes de 40 ans : la dépression des hommes de 40 ans.

De quoi s'agit-il ? C'est l'homme qui est arrivé. En général, l'homme à 20 ans a une certaine idée de ce qu'il va faire. Il espère un beau jour gagner son argent, avoir une famille. Et il arrive à 40 ans, père d'une famille de deux ou trois enfants, il a son revenu régulier. Il a ce qu'il lui faut. Son bifteck. Il est arrivé. Et voilà... Et puis quoi ?

« Maintenant, quoi ? Quoi ? J'ai tout ce qu'il me faut, mais quoi ? » Alors il tombe dans un trou parce qu'il n'a pas de réponse. Il peut se dire : « Je peux aller encore plus loin. » Avoir une meilleure place dans son travail. Mais au fond, il se sent arrivé au moment où il a tout ce qu'il lui faut pour vivre sa vie existentielle.

Il tombe dans un trou, parce qu'il reste encore en lui une nostalgie plus profonde. Pour celui qui n'est pas seulement le bon petit-bourgeois, mais qui a une autre veine en lui, s'ouvre tout à coup un gouffre.

— *Que se passe-t-il à ce moment-là ?*

— C'est le moment où l'homme peut se dire : « J'ai fait beaucoup de choses, j'ai eu du succès à droite, à gauche. J'ai tout ce qu'il me faut. Mais est-ce que je n'ai pas manqué quelque chose en moi-même ? »

Il n'y a pas longtemps, je reçois le patron d'une grosse entreprise. Il me dit : « Moi, j'ai de l'argent, j'ai une famille magnifique. J'ai au fond tout ce qu'il me faut. J'ai aussi une santé de cheval. Mais je suis malheureux. Qu'est-ce qu'il y a ? » Et au bout des trois semaines durant lesquelles il a séjourné à Rütte, je lui demande : « Alors qu'avez-vous trouvé ? — J'ai trouvé que je me suis occupé de tout sauf de moi. » Ce qu'il avait manqué, c'était de se prendre au sérieux dans sa profondeur. Situation typique. Les gens qui sont établis dans l'existence croient que tout est là.

Peut-être encore un peu d'amour ou de belles choses : voir les musées, lire un beau livre. Mais c'est simplement une petite décoration d'une vie banale. Il ne suffit pas de se promener le dimanche dans un musée ou d'aller de temps en temps au spectacle, il s'agit de trouver quelque chose dont on s'occupe soi-même dans une recherche qui ouvre l'esprit à un plan plus profond que l'on est soi-même.

Finalement, nous revenons toujours à la question : « Dans quelle mesure, ce que nous faisons et ce que nous cherchons dans notre vie existentielle est-il une barrière qui nous sépare de notre Etre essentiel ? »

C'est à ce stade qu'il faut prendre au sérieux les expériences que l'on peut avoir dans son enfance, ces moments privilégiés où la transcendance intérieure nous touche. Le réalisme transcendantal dont nous parlions ne se trouve pas dans la maîtrise de la vie extérieure. Il faut comprendre que la vie intérieure de l'être humain est plus forte que ce qui peut lui arriver dans sa vie extérieure.

— *Mais, à 40 ans, n'est-il pas tard pour se rendre compte de tout cela ?*

— Naturellement. Au fond, c'est l'adolescent qui le ressent en général. Aujourd'hui, bien sûr, beaucoup de jeunes sont démolis mais d'autres s'éveillent à la profondeur. Chaque âge a sa réalité et ses problèmes. L'adulte est différent de l'enfant, mais c'est toujours le même être.

Avant que l'enfant ne fasse « le péché originel », vers 2 ans, il est encore relié à la Réalité transcendantale. Je vous ai raconté cette expérience le jour où l'un de mes amis m'apporte son enfant de trois semaines et le met dans mes bras et où je me suis senti tout à coup relié à une réalité pour laquelle le mot de réalité est presque impossible à employer, à un immense inconnu. Je me suis senti effacé devant cela. Je me suis demandé : « Qu'est-ce que j'ai là ? J'ai en main quelque chose qu'on ne peut pas avoir en main. » C'était pour moi une expérience de l'Etre.

— *N'est-ce pas de la fascination ?*

— Le terme de fascination est trop pauvre. Il faut avoir l'esprit ouvert pour ressentir ainsi. Cela dure plus ou moins jusqu'au moment où l'enfant découvre les objets. Il dit un beau jour : « Ça, c'est ça. C'est une pomme, une poire, une fourchette. » Et à un moment donné il dit : « Moi je suis moi. » C'est à ce moment-là que se déchire le lien entre l'homme et l'Etre transcendant. C'est le moment où l'unité devient une dualité. C'est ce que signifie le péché d'Adam et Eve et voilà pourquoi on peut parler de « péché éternel ». Ce n'est pas une histoire qui s'est passée au Paradis, mais un mythe qui symbolise un événement de toute vie humaine, qui est à la base de notre situation existentielle : la déchirure, et donc par opposition l'union, entre nous et l'Etre. Mais ce n'est pas une déchirure totale. Nous demeurons toujours citoyen de cette patrie mais nous sommes en exil. Toute notre vie, nous sommes rappelés, mais nous ne l'entendons pas jusqu'au moment où le souffle de la vie commence à faiblir.

— *La vie va donc être celle d'un exilé qui cherche à retourner dans sa patrie ?*

— Il ne retournera pas dans sa patrie, sauf s'il entend un beau jour « la petite voix » et commence à souffrir de la séparation avec son Etre. Mais la plupart des hommes sont sourds à cet appel ou plutôt à ce rappel de leur Essence. Pourtant, c'est la caractéristique de notre temps : de plus en plus de jeunes entendent la voix de leur Etre essentiel.

— La notion de péché inclut la notion de faute. Pourtant l'homme n'y est pour rien lorsqu'il construit son petit moi. Il n'est pas « responsable ».

— Au contraire, c'est là que se définit l'être humain. L'être humain est celui qui sait faire la différence entre lui et une plante. Qui tout à coup se coupe de la Vie, qui se passe de la réflexion à cause du grand don de sa raison. La plante ne peut pas manquer son « humain ». A partir de l'image de sa semence, elle se lance dans le développement d'une forme. Finalement, l'image de la rose devient une rose. Il n'y a rien qui s'y oppose en elle. Seul quelque chose qui vient du dehors peut l'en empêcher : un pied humain qui l'écrase ou le sel qui la tue. Mais il n'y a pas d'opposition intérieure contre le développement de ce qui est dans l'image de sa semence. Elle ne choisit pas. Tandis que l'homme peut s'empêcher de devenir lui-même. Il y a non seulement l'accident du dehors contre lequel il ne peut rien, mais il y a sa faculté rationnelle qui prend la place de l'instinct et qui oriente le développement vers l'âge adulte. L'homme doit se servir de sa raison. Mais dans la mesure où ce don prend le dessus, il fait pâlir de plus en plus l'instinct profond de notre Etre transcendant.

— Nous n'avons donc pas le choix, puisqu'il faut nécessairement passer par cette coupure. C'est bien cela qui peut inciter à la révolte intérieure ou à se résigner en se contentant de dire que le monde est mal fait.

— Naturellement, mais on peut aussi dire que c'est là la sagesse de Dieu que seul celui qui a perdu « son chemin » soit capable de retrouver « le Chemin ». C'est la déviation qui nous rend capables de retrouver la Vie. C'est la distance que nous prenons de plus en plus par rapport à notre Essence, qui nous fait souffrir d'une façon telle que nous devenons conscients de ce que nous sommes inconsciemment.

C'est comme un « truc » de la Transcendance : il faut perdre une fois le chemin pour se rendre compte de ce qu'est le chemin. On doit finalement se manquer pour se trouver.

— *C'est une loi de la Vie au même titre que la loi de le pesanteur ?*

— Exactement. L'homme ne retrouve le sol que s'il s'est envolé un peu. C'est pourquoi, il y a le dicton : « Si tu dois pécher, pèche fortement. » Pas à demi seulement. Pousse-toi dans ce qui est faux. J'ai connu un maître japonais qui disait : « Au fond, qu'est-ce que vous avez contre le " petit moi ". Il faut lui dire : " Vas-y ! Va plus vite encore ! " » Un beau jour, il tombera et reconnaîtra de lui-même qu'avec le petit moi, on ne peut pas trouver le sens de la Vie.

— *Ainsi l'enfant, à l'origine, est une unité, puis il se crée sa personnalité, son « petit moi ». Donc il y a coupure, rupture.*

— Il se coupe, mais il reste toujours enfant de Dieu. Voilà la chose importante. D'un côté s'éveille le moi conceptuel et de l'autre côté, l'enfant fait des expériences de « l'au-delà ». Aussi est-il important de prendre au sérieux les expériences numineuses de la petite enfance. C'est à travers ces moments privilégiés que se développe la communication de l'homme avec sa Transcendance. Par exemple, pour Teilhard de Chardin, la première expérience de Dieu c'était un morceau de fer dans la main. Pour moi, c'était l'odeur du sable mouillé, l'odeur de la cabane à outils au fond du jardin, ou le bruit du ruisseau. C'étaient des expériences profondes, numineuses. Ou le claquement d'un fouet que j'avais. Ce qui me développait énormément à cet instant-là.

Il est très intéressant de voir, par exemple, le jeune garçon dont la poche est pleine de morceaux de fer, de clous, qui un beau jour a envie de se faire mal lui-même, veut éprouver la douleur. En même temps, il lit des romans avec des héros, des chevaliers. Chaque époque de la vie a ses images, ses objets, des choses qui contiennent la Transcendance ou plutôt qui sont le moment de la Transcendance.

L'adolescence, c'est justement le temps de l'éveil de l'Etre essentiel et de la conscience de l'homme. Cela devient alors plus ou moins conscient. Le jeune homme aperçoit tout à coup de loin une fille. Pas encore pour la toucher. Mais il y a ce moment numineux dans le premier amour. La jeune fille commence à écrire des poèmes, son journal. Alors, mon Dieu que c'est beau ce temps-là ! On dit en allemand que « le ciel est rempli de violons ». Cela ne semble pas solide sur le plan de la raison, mais pourtant une réalité plus profonde s'éveille là.

— Est-ce que, par la suite, l'adulte est condamné à regretter ces expériences numineuses de l'enfance ?

— Il doit regretter de les avoir perdues ! Lorsque les gens viennent me voir la première fois, j'essaie de tâter le terrain. « A-t-il jamais eu une expérience numineuse ? » Au bout d'un moment la personne me dit : « Ah, je vois ce que vous voulez dire. » Et la voilà qui me raconte qu'étant enfant, elle était assise dans une prairie, entourée de fleurs et de petites mouches. Et elle me décrit toute la scène et son atmosphère dans laquelle elle se trouvait reliée à la Transcendance. Chaque fois que je fais une session, je la commence en demandant : « Quelqu'un peut-il raconter une histoire identique ? » J'ai fait également des sessions qui ne consistaient qu'à raconter de tels récits. Chacun faisait en quelque sorte le cadeau du récit d'une expérience de l'Etre.

C'est ce qui nous manque aujourd'hui. Avec ces expériences-là on ne peut pas construire une voiture ou une maison, mais on se rend compte tout à coup que le sens de la vie humaine ne se réalise pas dans une vie si elle n'est envisagée que sur le plan existentiel.

— *Les enfants ne voient pas le temps passer. L'enfance, c'est presque une vie en soi. C'est en vieillissant que l'on prend l'habitude du retour des saisons. On se rend compte que le temps coule toujours dans le même sens. L'âge devient un fardeau et chaque anniversaire aussi.*

— Cette vision est évidemment le fait de gens qui vivent sur un plan très banal, pour lesquels devenir plus âgés est négatif. Parce que, pour eux, la vie consiste à être efficace, avoir la paix et se maintenir dans une situation agréable. Alors, avec le temps, vient la question : « Aurai-je encore la possibilité d'avoir tel ou tel plaisir ? Est-ce qu'avec l'âge, la vie ne sera pas ennuyeuse ? » A nouveau, vous observez un comportement qui reflète une superficialité. Une personne mûre, au sens profond, sait très bien que l'âge vous apporte des trésors que ne connaît pas la jeunesse.

Mais derrière tout cela se cache évidemment une peur inconsciente de la mort. Pour beaucoup, la mort, c'est le « grand ennui ». Je me souviens d'un peintre à qui l'on demandait ce qu'il pensait de la mort : « La mort ? La mort, moi ? Mais je ne mourrai pas ! » Réponse qui signe sa peur de la mort.

Cette question de l'âge dépend de la façon dont vous êtes engagé dans la vie. Elle dépend aussi du sens que la vie a pour vous et de vos capacités à y répondre. La femme qui voit apparaître les premières rides est malheureuse et fait tout pour sembler plus jeune avec un maquillage, pour cacher cela…

— Toute la société encourage l'image de la jeunesse et à gommer les rides.

— C'est la superficialité de la majorité. Pour ce genre de choses, *vox populi vox dei* est une des phrases les plus bêtes qui aient jamais été dites. C'est une idée du marxisme et du socialisme de penser que la foule a plus d'intelligence qu'une personne mûre. Mais si tous les marxistes avaient l'intelligence de Marx, le monde serait différent.

— Lorsque vous parlez de maîtrise du corps, de discipline, d'exercice, n'est-ce pas une source de frustration ? Enseigner

une maîtrise qui ne soit pas la contrainte, c'est un dilemme dans l'éducation des enfants.

— Quel est le type de maîtrise du corps qui pose des problèmes psychologiques et nécessite l'intervention d'un psychologue ? C'est par exemple, le cas de l'enfant qui n'a jamais pu s'exprimer comme il le voulait. Il trouvait toujours en face de lui le « Tais-toi ! Reste tranquille ! Ne bouge pas ! » Se crée alors une frustration des sentiments naturels de l'enfant. Si l'éducation n'est que ça, alors elle crée des frustrations, avec lesquelles, plus tard, le psychologue doit compter lorsqu'il découvre « l'ombre ». Ce que l'on appelle l'ombre, au sens profond, est une pulsion refoulée. On découvre souvent aussi que l'enfant n'a jamais pu s'exprimer parce que les parents voulaient qu'il se comporte d'une façon qui peut être juste pour un adulte mais pas pour un enfant de 3 ou 4 ans. A ce moment-là, ce que l'on appelle « les bonnes manières » devient un danger pour le développement naturel de l'enfant.

— *Mais le problème des parents est plus compliqué, puisqu'ils doivent découvrir l'équilibre entre le fait de laisser l'enfant s'exprimer et le laisser faire n'importe quoi. Sans compter que l'enfant lui-même apprend vite à jouer sur les deux tableaux. Comment donc enseigner la maîtrise sans les frustrations ?*

— C'est très difficile. L'expérience compte beaucoup et l'attitude des parents entre eux aussi. C'est terrible, les enfants qui sont les témoins de parents qui se disputent, se battent. Et il ne faut pas s'étonner si les enfants ont, plus tard, la même attitude que les parents : ils les imitent. Mais il existe une éducation qui développe la joie dans une façon juste de se donner. Cela fait plaisir à l'enfant d'éviter ce qui est « mal ». Là, l'expérience des parents compte beaucoup, car cette éducation dépend du niveau sur lequel les parents vivent eux-mêmes. Si les parents se battent, comment voulez-vous que l'enfant apprenne par exemple ce qu'est le respect de l'autre ?

— *Donc, l'éducation des enfants commence par celle des parents ?*

— Certainement. C'est le modèle qui compte, cela va sans dire. L'enfant l' « avale » et le digère sans s'en apercevoir. Bien sûr, vers 13 ou 14 ans, durant l'adolescence, il s'élève contre le modèle, devient agressif, mais c'est un autre problème.

— *Comment les parents peuvent-ils se comporter à ce moment-là, car ils sont tout de même touchés intérieurement par les premiers gestes d'agressivité ?*

— Ils doivent comprendre ce geste ! Il ne faut pas exagérer la sagesse et la tranquillité. Je me souviens d'un homme qui était professeur de piano. Il était terriblement gentil avec sa famille, avec ses élèves. C'était la gentillesse même, toujours la douceur. Un beau jour, il vient me voir : « Savez-vous ce qui m'est arrivé hier ? Mon fils de 18 ans est arrivé avec un maillet en bois et m'a donné un coup sur la tête. » Je lui ai répondu : « C'est le résultat de ces dix-huit années où, par votre grande gentillesse, vous ne lui avez jamais laissé la possibilité d'exploser, d'extérioriser des sentiments tels qu'il l'aurait voulu. Finalement, il ne pouvait plus agir autrement qu'en vous donnant un coup sur la tête. » Alors il a ri.

D'une façon générale, 18 ans c'est l'âge pour le jeune de trouver une chambre hors de la maison, pour ne pas rester toujours « l'enfant ». Il faut qu'il sorte ! Lorsque les jeunes restent très tard à la maison, c'est un signe qu'ils sont accrochés à leurs parents de telle façon que ceux-ci leur volent la liberté de se comporter en tant qu'êtres indépendants dans le monde. Alors, et c'est ce que je vois bien souvent, la famille peut devenir l'ennemi du développement de l'homme vers son indépendance et surtout dans sa spiritualité.

— *En quoi la famille peut-elle jouer un rôle dans la vie intérieure ?*

— Elle peut jouer un rôle important, si les parents comprennent que l'enfant doit trouver sa liberté et « sa personne », pour qu'il ne devienne pas quelqu'un qui imite son père ou sa mère. Les parents doivent comprendre que leur responsabilité n'est pas de gâter l'enfant ni de dire toujours : « Laisse-moi faire ! Laisse-moi faire ! », de telle manière qu'à 20 ans, il ne sache rien faire. Les parents devraient avoir soin de développer un être qui leur est indépendant et qui ne les « colle pas ».

Je vois souvent que l'obstacle dans le développement spirituel, vient de la famille, parce que le père ou la mère ne comprennent plus ce que le jeune sait et cherche, et lui disent : « Moi, j'ai très bien fait ma vie sans tout ça, sans tous ces problèmes intérieurs. » Aujourd'hui, beaucoup de parents ne comprennent pas les problèmes psychologiques de la nouvelle génération.

— *Y a-t-il là une source de cassure nécessaire entre parents et enfants ?*

— Il faut surtout à l'enfant le courage de s'opposer à ses parents pour prendre son propre chemin. Je reçois très souvent des lettres de parents qui me disent : « Qu'avez-vous fait de mon fils ? Il est si gentil habituellement. L'autre jour, il nous a écrit une lettre dans laquelle il nous reproche tout ce que nous avons fait de lui, prétend que nous n'avons pas laissé se développer ses propres capacités et des tas de choses pareilles. C'est terrible ! » Ma réponse est alors la suivante : « Laissez-le. Pour une fois, permettez-lui de vous dire tout ce qu'il veut vous dire, ce qu'il est, ce qu'il a pu souffrir de vous sans jamais vous répondre. Soyez quelqu'un qui supporte la souffrance de l'enfant, celle que vous avez fait supporter sans le vouloir. Et vous aurez ensuite le meilleur ami du monde. Mais laissez-le sortir sa vérité. » Aujourd'hui, beaucoup de familles en Allemagne ont décidé de faire une fois par semaine une sorte de « session » avec tous les membres de la famille. Le père, la mère, les enfants sont réunis autour d'une table et chacun peut dire sa vérité. Les enfants peuvent par exemple dire : « Ecoute, papa, ça ne va pas. Tu me donnes des gifles. Tu peux très bien me faire des remarques sans tout de suite me gifler. » La fille dira à sa mère : « Tu n'as pas besoin de m'engueuler immédiatement, si j'ai oublié de ranger ma chambre. » Et les parents eux-mêmes pourront dire calmement aux enfants ce qui ne va pas. C'est la « session de la famille ». C'est une façon de faire de plus en plus actuelle.

Autre chose : un jeune couple vient de se marier. Dès qu'il y a des vacances, ils doivent les passer chez les parents de l'un ou de l'autre. Cela les ennuie terriblement, mais ils ont l'impression qu'ils leur doivent ça. Alors ils restent dans le mensonge d'une fidélité qui, intérieurement, n'existe pas. Bien sûr, pour d'autres ce n'est pas un devoir. Au contraire, eux-mêmes en ressentent le besoin. Alors, tant mieux.

— *Psychologiquement, ne conserve-t-on pas un bagage de cette enfance en famille : une sorte d'inconscient collectif familial des nœuds ou des conflits intérieurs ? Car finalement, il ne suffit pas de quitter sa famille pour tirer un trait sur tout ce passé. A ce moment-là, vaut-il mieux comprendre ce qui s'est passé dans sa jeunesse ou l'oublier ?*

— Cela dépend simplement si l'individu est libre vis-à-vis de lui-même ou s'il reste prisonnier d'un passé qui ne le laisse pas être lui-même. Là se trouve tout le sens de la psychologie moderne. Quelqu'un va voir un psychologue, par exemple parce qu'il est timide, il n'a pas le courage de se présenter d'une manière qui correspond à son intériorité. Il a des complexes. Il a alors besoin d'un psychologue pour lui rendre sa liberté.

On parle ainsi de « l'ombre », de la recherche de l'ombre dans l'homme. Qu'est-ce que l'ombre ? L'ombre que projette par exemple l'arbre sur la terre, c'est la lumière du soleil projetée dans la forme de l'arbre. Et le fait de se sentir opprimé par l'esprit de son père, c'est une ombre. Qu'est-ce alors que la lumière refoulée ? La lumière qui aurait éclaté au moment même où le garçon aurait eu le courage de dire à son père tout ce qu'il pense. Alors il aurait libéré cette énergie enfermée dans un acte non vécu.

Je me souviens du cas d'une femme qui a eu un père l'ayant beaucoup écrasée. Le mercredi était le jour où le père ne rentrait pas à la maison, et où elle se sentait libre. Autrement, lorsque son père était à la maison, c'était en permanence le stress. Un beau jour son père meurt et elle le voit allongé sur son lit. Alors elle se dit : « Quelle joie ! Maintenant ce sera tous les jours mercredi. » Naturellement, au moment même où elle se dit ça, elle pense : « Mon Dieu, c'est en fait, maintenant que mon père est mort, qu'il va encore me poursuivre. Qu'est-ce que j'ai dit là ? » Mais elle l'avait dit. Aussi est-elle venue me voir. Je lui ai répondu : « Vous allez écrire à votre père la lettre que vous auriez dû lui écrire avant sa mort en lui disant ce que vous pensez de son comportement. » Elle revient me voir avec sa lettre et me dit : « Ça ne vaut rien. Si sur chaque page, il n'y a pas au moins quatre fois le mot " m... ", pour moi, ça ne vaut rien. »

Finalement, elle a réussi à écrire une lettre dans laquelle elle disait à son père tout ce qu'elle aurait dû lui dire avant sa mort. Ainsi son complexe « père » a disparu. D'une femme dépressive, elle est devenue une femme très libre. Elle peignait et jusqu'alors, elle avait fait des peintures tout en noir, avec des brouillards et des nuits. A partir de ce moment-là, elle peignit des paysages ravissants, pleins de soleil et de couleurs. Voilà : il est nécessaire qu'un beau jour, l'homme « se débarrasse » de ses parents en se donnant et en s'extériorisant dans sa vérité.

Dans l'éducation de l'enfant, il y a trois fautes que les parents peuvent commettre. La première, c'est de leur défendre de s'exprimer d'une façon naturelle avec des « tais-toi, reste tranquille », d'une façon qui refoule les mouvements de l'enfant. La deuxième, c'est un manque de compréhension du caractère de l'enfant. Une mère, par exemple, dit : « Tout allait bien avec Joseph, le premier. Tout allait bien avec Bernard le second et maintenant avec le troisième, si je fais la même chose, ça ne marche pas. Ce n'est donc pas ma faute, mais sa faute à lui. » Non, elle est simplement incapable de voir l'enfant tel qu'il est dans son caractère, voir les différences d'un enfant à l'autre.

Par exemple, il y a le garçon ou la fille avec un esprit qui travaille rapidement, s'adapte facilement et sait tout faire. En général,ce sont des enfants qui sont plutôt minces de corps. Il y a aussi le « petit gros » qui est plus lent, comme dans une attitude méditative, et joue tranquillement pour lui-même. Il y a une soixantaine d'années, j'ai travaillé avec des enfants de 3 à 5 ans, avec de la glaise. En voyant les enfants, je savais déjà ce qu'ils allaient faire avec une boule d'argile. Le « petit mince » à l'esprit éveillé allait émietter cette boule en petits morceaux et modeler quelque chose en les remettant ensemble. Tandis que le « petit gros » commençait par faire des trous dans la glaise avec ses doigts, il tirait un peu dessus mais sans casser la boule. C'est là un exemple concret des différences entre les enfants et de la compréhension de chacun, nécessaire pour arriver à un bon résultat.

La troisième erreur vient tout simplement du manque d'amour. Cela ne veut pas dire que les parents n'aiment pas, mais bien souvent, ils n'en ont pas le temps. L'enfant cherche une caresse chez la mère qui lui répond : « Laisse-moi, je n'ai pas le temps. » Ou le père rentre tard le soir ou n'est pas là du tout. Le résultat de ce manque de chaleur sera plus tard une personne qui ne pourra pas exprimer d'amour. Si elle n'a pas vraiment ressenti l'amour de sa mère, elle-même restera sous-développée dans un certain sens. Elle ne sera pas capable de se donner avec son cœur. Elle sera repliée sur elle-même parce qu'elle n'aura jamais été sortie d'elle-même par la caresse de sa mère.

— *Qu'est-ce que le mariage ? Au départ un homme et une femme se rencontrent. Il y a un grand amour ou une grande passion. Et on part sur cette base. Cela suffit-il à faire un mariage heureux ?*

— Nous savons que beaucoup de mariages ne marchent pas bien et qu'il y a quantité de problèmes là-dedans. Tout d'abord, que signifie l'amour qui précède le mariage ? Bien souvent l'homme épouse son *anima*, ce qui pose un tas de problèmes par la suite. L'anima, c'est une projection que l'homme fait du féminin qu'il a besoin d'être en lui-même et qu'il projette sur une femme. Alors il voit dans la femme une image de son féminin, celui dont il a besoin. Car chaque homme, et inversement chaque femme, a besoin du féminin et du masculin. Un homme très masculin a un besoin d'un féminin particulier pour compléter son être entier. Souvent l'homme qui épouse une femme, épouse donc son anima, mais il s'aperçoit un beau jour que sa projection ne correspond pas à la réalité qu'il a en face de lui. C'est un premier grand problème.

Si un homme cherche à devenir un homme total, il est juste qu'il n'épouse pas une femme qui soit simplement le double de sa façon d'être.

— *Comment peut-il savoir et connaître, au moment où il rencontre cette femme, si c'est bien celle-là qui lui convient ou si justement ce n'est pas simplement une projection ?*

— En général, on ne fait pas la connaissance d'une femme pour l'épouser aussitôt. Aujourd'hui, beaucoup plus rapidement que dans le temps, les gens ont une relation érotique.

Ce peut être là un grand problème. Je connais beaucoup

de mariages qui plus tard n'allaient plus très bien car l'entente se faisait uniquement, et très fortement, sur le plan érotique. Où seule l'intensité de la rencontre sexuelle leur avait fait imaginer qu'ils pourraient très bien faire un couple. Mais par la suite cela n'a pas été le cas.

Ainsi se pose le problème de savoir sur quel plan se rencontrent un homme et une femme. Il faut faire la différence avec la rencontre sur le plan existentiel, entre des moi existentiels avec leurs facultés, leurs dons, leur charme ; et la relation sur le plan essentiel. Là c'est tout autre chose. L'union sera d'autant plus solide que les deux feront partie du même Etre essentiel. Ils auront quelque chose en commun qui leur fera toujours dépasser les crises. Parce qu'au fond, les crises ont leur source dans le moi existentiel et ne mettent pas en cause la communion profonde. Il faut donc poser la question : « Sur quel plan nous entendons-nous ? » Naturellement, pour ceux qui ne sont pas conscients de cette profondeur, la question reste de savoir si l'on se comprend vraiment sur le plan existentiel. A ce moment-là la recherche de la profondeur dans la relation est modeste. Il faut vraiment faire la différence entre les différents niveaux de l'homme.

Quand une fille me demande : « Est-ce que vous croyez que je devrais épouser cet homme ? Je l'aime beaucoup », je lui donne toujours le conseil de faire un voyage de plusieurs semaines avec lui et de voir s'ils s'entendent et, comment ça marche. Ils sont ainsi ensemble toute la journée. Parce qu'il y a beaucoup de rencontres très belles mais seulement en passant. Mais dès que l'on doit s'entendre dans une chambre pendant quatre semaines, alors on voit les frictions et, au fond, si ça marche. Ou s'il ne s'agit que d'une intense relation érotique. Mais on ne peut pas généraliser sur ce qui fait qu'un homme et une femme s'entendent à la longue.

Pourtant, sur ce point, il faudrait que les jeunes aient une éducation qui leur permette de distinguer sur quel plan s'entendre. Sur le plan érotique ? Alors cela peut ne durer que quelques années et, à la fin, on s'ennuie ensemble. Inversement, je connais beaucoup de mariages où il n'y avait plus de relations sexuelles depuis trente ans mais qui s'entendaient profondément.

Il y a aussi le cas où l'un des deux seulement, l'homme ou la femme, se trouve sur un plan plus profond. Par exemple, la femme qui dit : « Mon mari n'a pas le moindre contact avec la profondeur. Il m'aime, mais j'ai à faire à un homme avec lequel je n'ai pas de relations spirituelles. Il me dit : “ Je ne te comprends pas. Tu me poses toujours des questions qui me dépassent. ” » Si donc l'un des deux ne vit que sur la surface de la personne, il ennuie l'autre. Il manque quelque chose.

— *L'amour n'est pas nécessairement la sexualité ?*

— C'est ce que je veux dire. Une spiritualité qu'on partage s'avère plus importante que la sexualité qu'on vit ensemble. Si ce n'est que la sexualité qui rend le reste de la journée plus ou moins supportable, il n'y a plus de contact réel.

— *Vous dites qu'il est important de savoir sur quel plan on se rencontre dans le couple. Il faut donc se connaître. Mais n'est-il pas important dans le couple de conserver vis-à-vis de l'autre un lieu secret en soi-même et, inversement, de respecter chez l'autre quelque chose qui restera toujours mystérieux ?*

— C'est peut-être l'une des choses les plus importantes pour les gens qui vivent ensemble que de respecter un secret dans la profondeur de l'autre. On n'y touche pas et on ne pose pas de questions. Il y a là quelque chose que chacun garde pour lui-même. Chacun son mystère propre qu'on ne peut pas mettre en paroles, qu'on ne peut pas définir. Pour l'un, c'est la question religieuse, pour l'autre, c'est la question de l'individualité. On doit laisser à l'autre son secret. On peut aller très loin dans la compréhension, mais il ne faut pas toucher à une certaine profondeur. Surtout en ce qui concerne la relation de l'homme avec le Divin, dans son Etre profond et qu'il exprime à travers une croyance en quelque chose, des images ou des histoires. Beaucoup de malentendus ont lieu à ce niveau, car les deux époux n'ont pas exactement la même profondeur. Pour l'un la religion peut faire problème, alors que pour l'autre c'est du baratin.

C'est un vrai problème : quelle est la différence religieuse entre les époux ? C'est peut-être même la question la plus profonde : est-ce que le sens de la vie est le même pour les deux ? Bien souvent la femme doit cacher sa foi et sa façon d'être avec elle-même. Et l'homme n'en veut rien savoir. Ou alors, il y a l'homme qui a une religion plutôt mystique. La femme n'y comprend rien du tout ; elle fait très bien ce qu'elle a à faire mais vit sa vie sur un plan superficiel qui, éthiquement, peut être très bien, mais n'a pas de profondeur. C'est finalement le point cardinal de la relation dans le couple. Quelle est la communauté sur le plan spirituel ? Ou est-ce qu'il n'y en a pas du tout ?

— N'y a-t-il pas le problème de l'évolution que peuvent suivre chacun de leur côté l'homme et la femme, tout en vivant ensemble ? Evolution qui fait que dix ans plus tard, ils se retrouvent ensemble comme des étrangers ?

— Plus la relation est profonde, plus on va à la rencontre l'un de l'autre, parce que cela se passe toujours dans la rencontre de la Transcendance intérieure ; elle peut, par exemple, se manifester dans la façon de comprendre l'art. L'œuvre d'art est transparente à une transcendance qui dépasse ce que l'on voit du premier coup. Alors là, tous les deux peuvent se perdre ensemble dans une communauté profonde, sur le plan spirituel.

— Il y a le moment crucial de l'arrivée du premier enfant...

— Qui peut provoquer des crises très différentes. Par exemple, le mari peut tout à coup sentir qu'il n'est plus le centre de la vie de sa femme. Quand l'enfant est là, beaucoup de maris sont jaloux. Ils doivent pourtant comprendre que la femme devenue mère a un autre centre vers lequel est orientée sa vie. Pour d'autres hommes, c'est la découverte de l'enfant. Cela peut être une chose extraordinaire, car un enfant jusqu'à 1 ou 2 ans représente le grand Un.

— L'enfant pourrait donc faire redécouvrir la profondeur aux parents et finalement les éduquer comme eux-mêmes éduquent leur enfant. L'éducation, n'est-ce pas une relation à double sens ?

— Bien sûr. La présence de l'enfant, avec tous ses besoins, donne aux parents une occasion de développer des facultés qu'ils n'avaient pas eues auparavant. Beaucoup d'hommes, grâce au bébé, découvrent en eux-mêmes une tendresse qu'ils n'avaient encore jamais ressentie, pas même vis-à-vis de leur femme. Certaines femmes, au moment même où l'enfant arrive, découvrent ce que veut dire le « maternel ». Elles ne font pas semblant d'être mère. Elles découvrent, au sens propre du mot, leur côté maternel.

Lorsque l'enfant grandit, il passe par différentes étapes. A chacune d'entre elles, il donne une responsabilité complètement différente aux parents. L'enfant avant d'avoir 2 ou 3 ans n'est pas encore un être conscient. Il vit dans un monde plein de miracles. C'est quelque chose d'étonnant. Il joue et se cherche. Un moment très important sera la présence d'une sœur pour un frère. Ils vont se découvrir dans la différence de leur sexe. Alors, chacun veut voir le sexe de l'autre. Mais bien souvent, il arrive un terrible malheur : le père ou la mère arrive et les gronde au moment où ils se touchent le sexe l'un l'autre. Ils crient : « Quelle cochonnerie ! » Alors voilà le début d'un complexe de la sexualité pour toute la vie. « C'est sale ! On ne fait pas ça ! » Je connais beaucoup de gens dont le problème le plus profond est justement la peur du sexe à cause d'une intervention des parents dans un moment pareil. Pourquoi ? Parce que, très tôt, l'enfant a déjà une sensibilité pour le mystère que représente le sexe. C'est tout autre chose qu'une curiosité superficielle. Si les parents oublient cela, alors, il se passera beaucoup de malheurs qui dureront toute la vie.

— Il semble que l'attitude des parents doive être une attitude d'accueil. Est-ce qu'à travers la vie de l'enfant, les parents ne refont pas eux-mêmes leur éducation et ne redécouvrent pas des choses de l'enfance qu'ils avaient oubliées ?

— Oui, les parents redécouvrent leur passé. Un père, par exemple, qui est plein d'amour pour son enfant et plein de compréhension, peut se rendre compte combien il en a eu peu dans son enfance.

Il y a les mères qui sont tellement prises par le ménage qu'elles n'ont pas assez de temps pour l'enfant. Voilà le grand problème des parents qui, à cause de leur travail ne rentrent que le soir. Ont-ils et prennent-ils alors le temps pour jouer avec leur enfant, de façon que l'enfant se réjouisse du retour de ses parents ?

Autre problème pour le couple où la femme reste à la maison, lorsque le mari rentre de son travail et que la femme commet l'erreur de l'embêter pendant une heure avec tous les petits malheurs qui se sont passés dans la journée : dans la cuisine, avec la voisine, etc. Alors l'homme ne peut même pas souffler sans que sa femme lui enlève la possibilité de repos, en l'ennuyant avec des histoires qui ne sont vraiment pas intéressantes. Il y a là beaucoup de conflits. Lorsque l'homme rentre, il peut avoir besoin de se retirer un petit moment et c'est ensuite qu'il peut être à la diposition de la famille.

— *Mais dans les couples aujourd'hui, souvent l'homme et la femme travaillent...*

— Oui et, quelquefois, la crèche accueille mieux l'enfant que sa propre famille. Mais, pendant le temps où les enfants sont avec les parents, ceux-ci doivent tout faire pour être l'accueil en personne, afin que l'enfant sache que, le soir, il rentre chez deux êtres qui travaillent et sont fatigués. « Tais-toi ! J'ai assez entendu de bruit toute la journée. Ne commence pas à pleurnicher. » C'est alors tout naturellement que commence le drame pour l'enfant.

Je rencontre toujours des gens qui me disent : « Malheureusement ma mère n'avait pas le temps, mon père était dehors. »

— Pour la femme qui reste à la maison, quelle place doit-elle accorder aux enfants ? Elle est là tous les jours et il y a le risque de tomber dans une routine : lever les enfants, les habiller, les faire manger, etc. Les enfants, finalement, font partie du ménage.

— Cela arrive que ce soit le ménage qui dirige la femme et pas la femme le ménage. Il y a des femmes qui, toute la journée, sont occupées avec cela : le ménage, le ménage ! Et elles n'ont plus de temps à accorder aux enfants. Le ménage peut devenir comme un démon qui s'empare de la femme et l'écrase parce qu'elle s'imagine devoir toujours faire mieux, au lieu de s'arrêter à un moment donné. Ces femmes ont le complexe de leur ménage.

— La société intervient beaucoup aujourd'hui dans l'éducation des enfants et dans la formation de leur esprit, c'est-à-dire de leurs cadres de pensée, par l'école, le cinéma, la télévision, voire la « culture publicitaire »*. Les parents ont alors souvent un sentiment de frustration, et peut-être de démission. Ils se sentent dépossédés de l'éducation de leurs enfants.*

— Vous touchez à beaucoup de problèmes à la fois. L'école de notre temps est la destruction de l'esprit humain. Très tôt, le problème de l'enfant est d'avoir de bonnes notes. C'est déjà intellectuel. Dès l'enfance est inculqué dans l'esprit humain le devoir d'un savoir-faire.

Seul le rationnel compte et rien d'autre. Plus tard, l'homme se retrouvera comme un fonctionnaire dans un ordre préétabli et organisé rationnellement.

A l'université, c'est la même chose. L'âme en est exclue. Le futur médecin, par exemple, y entend pendant près de dix ans des conférences sur le corps, mais pas une seule sur l'être humain. Le résultat est que la médecine ne voit que le corps, mais pas l'homme. Aujourd'hui encore, il existe des médecins qui ne croient pas aux maladies psychosomatiques. Incroyable, mais vrai. Ils fonctionnent ainsi, dans la société.

— *C'est en ce sens que vous entendez le mot fonctionnaire : fonctionner ?*

— Oui, il devient fonctionnaire et sera le meilleur fonctionnaire, s'il engage le moins possible son humanité. Je dirai qu'aujourd'ui, il existe les écoles des Antroposophes, où c'est encore l'enfant humain qui compte, c'est-à-dire l'amour pour l'humain. Il est respecté comme petit être humain.

— *Le comportement des parents peut néanmoins être une compensation...*

— En partie seulement. En partie. Avec les devoirs à la maison, on prend le temps libre des enfants pour faire des calculs beaucoup trop tôt.

— *Dans les sociétés traditionnelles, les différentes générations, enfants, parents, grands-parents, voire arrière-grands-*

parents, vivaient ensemble. Aujourd'hui, ce type de communauté est éclaté. Quel peut encore être le rôle des grands-parents ?

— Bien souvent, les enfants ont une meilleure relation avec leurs grands-parents qu'avec leurs parents parce que ceux-ci ne disent pas toujours « Laisse ça ! Laisse ça ! », mais prennent leur temps pour raconter des histoires. Quand on va chez la grand-mère, on trouve un accueil, tandis que la mère dit : « Est-ce que tu as fait tes devoirs ? Est-ce que tu as fait ton lit ? » La grand-mère, elle, bavarde. Le grand-père se réjouit de faire sauter sa petite-fille sur ses genoux, alors que cela n'arrive jamais au père qui n'a pas le temps. Les grands-parents n'exigent rien mais donnent quelque chose, tandis que les parents doivent exiger pour éduquer. Alors on a peur du père mais on aime le grand-père.

— *On peut aussi penser qu'il existe une complicité entre grands-parents et petits-enfants, dans la mesure où les premiers ont « lâché prise » avec la vie active où il faut faire quelque chose, se battre, gagner... et les petits-enfants, qui eux, n'y sont pas encore impliqués.*

— C'est tout à fait juste, les grands-parents ont lâché prise. Et ils peuvent avoir une influence très profonde pour le développement de l'enfant qui y trouve une source d'amour qui n'est pas mise à l'ombre parce qu'on n'a pas le temps.

Aujourd'hui, les jeunes ne veulent plus que les adultes les influencent sur ce qu'ils veulent faire. Les parents l'acceptent difficilement. Pourtant, ce que peut faire celui qui est responsable de l'éducation d'un enfant ou d'un jeune, c'est de le mettre dans un état de sincérité et de véracité vis-à-vis de lui-même. Mais il ne peut pas simplement lui dire : « Attention, ne fais pas ça. » Car s'il le fait, ce sera peut-être mieux : il fera son expérience.

C'est également le problème du respect autrefois naturel devant les personnes âgées. Mais aujourd'hui, cela disparaît. Dès que quelqu'un n'est plus capable de travailler, on se débarrasse de lui d'une façon ou d'une autre.

Cela pose un problème de communication entre les jeunes et leurs aînés.

Mais il y a encore des personnes âgées d'où émane une force de cœur qui engage les jeunes à les fréquenter, à les écouter et à accepter ce qu'elles disent. Mais c'est une expérience trop rare. Elle dépend surtout des parents. De leur caractère, de leur façon de se donner, s'ils gardent le respect de leur enfant ou pas. Pour les étudiants, cela dépend de leurs professeurs. Certains sont respectés pour leur façon d'être là, d'une façon humaine et pas seulement en tant que professeurs. D'autres sont recherchés parce qu'ils sont de bons professeurs mais on évite leur contact personnel parce que ce ne sont pas des êtres humains.

— ***On retrouve toujours le respect de l'autre qui, finalement, serait une prévention à de nombreux problèmes psychologiques.***

— Reconnaître l'autre dans son individualité, voilà ce qu'il faut apprendre. Mais, c'est une pratique assez rare, car chacun pense que sa façon propre de voir l'homme est la seule façon possible. Le respect de l'individualité de l'autre est très rare parce que l'on ne sent pas celle-ci. On voit seulement l'extérieur, la façade, la *persona*[21], comme dit Jung. Mais où est la compréhension de l'individualité ? Les hommes qui n'ont pas de culture spirituelle, parce qu'étant enfants on ne leur a appris qu'à obéir et que plus tard ils doivent travailler, où ont-ils la chance de découvrir que chacun a son individualité profonde ? Alors la plupart restent bouche bée et disent : « Qu'est-ce que ça veut dire ? »

— *Alors posons la question : comment peut se faire la prise en compte de l'individualité de l'autre ? Quel regard adopter ?*

— Cela devient de l'intérêt, de la curiosité de découvrir ce qu'est l'autre. Déjà, à ce moment-là, on est ouvert à la différence qu'il représente, il a un autre tempérament, d'autres intérêts, etc. Dès que je pose la question de la différence de l'autre, déjà je suis ouvert à celle-ci. Mais, en général, les hommes attendent de l'autre ce qui les intéresse eux-mêmes. Il faut alors faire un grand pas pour s'adapter au fait que l'autre veut autre chose que ce que l'on désire soi-même et qu'il est autre chose que la façade que l'on voit de lui.

Ainsi, les parents doivent savoir qu'il ne faut jamais dire : « Mon fils ! Ma fille ! », comme s'il s'agissait de quelque chose qu'ils possèdent, car alors, il n'y a plus aucun respect pour l'individualité de l'autre.

Il y a des hommes qui sont les patrons de leur famille et qui disent : « Les enfants, je ne sais pas ce que vous voulez dire en parlant toujours de liberté. Dans ma maison chacun est libre de faire ce que je veux. C'est donc la liberté totale. » Pour les parents, il est important de créer une communauté dans laquelle chacun peut vivre son individualité.

— *En quoi la présence des autres est-elle utile ? Comment vivre cette présence ?*

— Votre question revient à me demander comment supporter le temps qu'il fait dehors.

— *Bien sûr, mais la solitude est une source d'angoisse. Elle renvoie à une soif de contact, une recherche de l'autre et de communication.*

— Je connais pas mal de gens qui me disent : « Je me trouve dans une solitude absolue lorsque je me trouve avec les autres. Je me sens moins seul lorsque je suis tout seul. Parce que là je me sens en contact avec une immense réalité qui se reflète dans ma profondeur. Mais lorsque je suis avec les autres, je ne peux pas me permettre de me laisser toucher par celle-ci. Je dois être là d'une façon superficielle au moins pour répondre aux questions banales qui m'entourent. » Alors le fait d'être avec les autres ne veut pas dire que l'on n'est plus seul. Lorsque vous êtes dans une société qui ne vous comprend pas et qui bouge sur un plan superficiel, alors vous vous sentez terriblement seul. Ne pas se sentir seul dépend de ce que l'autre se trouve sur le même plan intérieur que vous-même.

En général, on se rencontre à travers des banalités ou grâce à l'intérêt commun d'un métier. Il y a ainsi des questions très intéressantes humainement, mais la vraie question est de savoir quelle profondeur s'exprime dans la conversation. Si on échange uniquement des platitudes, pour quelqu'un qui a dépassé ce plan-là, c'est une souffrance. Bien sûr, les commères de quartier discutent d'une façon très engagée des banalités de leur vie quotidienne. C'est leur vie d'échanger ces banalités. C'est une façon de communier avec l'autre. Deux personnes qui ont le même métier peuvent parler de leurs problèmes professionnels réciproques : ils ont une conversation basée sur un intérêt commun. Sartre a dit : « L'enfer c'est les autres ». C'est très vrai. Pour beaucoup de personnes qui sont venues me voir, leur fait problème dans leur travail non pas le travail mais la présence des autres. Dans beaucoup de bureaux, il n'y a pas de communauté. Chacun ne pense qu'à obtenir une promotion. On travaille alors avec ambition mais sans aucun intérêt pour ses compagnons de travail. C'est lorsque l'un est là pour l'autre et inversement qu'il existe véritablement une communauté.

Le premier sociologue allemand, Tönnies, a écrit un livre qui s'appelle *Société et communauté.* Il donne la différence entre les deux. Si quelque chose arrive, un danger par exemple, dans une société, chacun essaie de sauver sa propriété. Dans une communauté, tous vont s'entraider pour sauver l'ensemble. Aujourd'hui, il y a un exemple très simple. Dans les sociétés par actions, dès qu'il y a un danger, chacun se retire et vend ses actions en bourse. Dans une véritable famille, s'il y a le feu, tout le monde aide à l'éteindre. Dans une société, chacun essaie de sauver ses meubles.

— *Le terme de « communication » est l'un des plus employés depuis dix ans. Mais ne parle-t-on pas de communication lorsqu'il y a non-communication ?*

— On parle toujours le plus des choses qui vous manquent. Aujourd'hui, il y a un manque certain de communication sur le plan humain. C'est-à-dire que chacun, bien que vivant entouré de personnes, est tout à fait seul. La solitude la plus grande reste celle de l'homme perdu dans une foule de gens avec lesquels il n'a rien à faire. Communiquer, cela veut dire être en communion avec les autres, partager la même atmosphère, la même vibration de cœur et, finalement, réagir ensemble à une situation.

Il faut penser dans ce domaine à la phrase : « Tu aimeras ton prochain comme toi-même. » Il y a deux explications possibles. La première, c'est celle que l'on entend en général : « Il n'y a pas de doute. Tu t'aimes toi-même, énormément. Fais donc un effort pour aimer l'autre au moins un peu comme tu t'aimes toi-même. » En vérité, la phrase veut dire tout autre chose. C'est le *tat twam asi* des Hindous, « cela toi tu l'es aussi[22] ». C'est-à-dire : aime l'autre en tant que toi-même, en tant qu'il est toi-même. C'est se rencontrer dans l'autre dans son essence. Il n'y a qu'une essence. Le Christ pourrait dire : « Essaie de te rencontrer avec l'autre d'une telle façon que ce soit le Christ qui se rencontre lui-même en vous deux. » Voilà alors une explication complètement différente : rencontre l'autre dans une profondeur où ton être se mêle à l'être de l'autre.

— *C'est cela communiquer : une rencontre ?*

— Oui, une rencontre. Ce n'est pas une rencontre entre deux personnes, mais le Un qui se rencontre à travers une dualité. On « se » rencontre. Encore une fois, c'est le *tat twam asi* des Hindous. C'est la même chose. Cela veut dire : rencontre-toi. Il faut que tu te rencontres en l'autre et que l'autre se rencontre en toi. Il n'y a alors au fond qu'Un qui se rencontre dans les deux. Le plan profond de l'autre, en tant qu'il est moi-même, est donc accessible. Il y a une nature commune sous-jacente. Néanmoins, il reste et restera toujours chez l'autre un domaine inaccessible. Ce sont les individualités différentes qui sont inaccessibles. L'individualité de l'un exclut la compréhension totale de l'autre en tant qu'individualité. Mais il y a une réalité profonde qui se manifeste dans des individualités différentes.

Je me souviens d'un voyage en train. J'étais en face d'un vieux Japonais. On se jetait un coup d'œil de temps en temps, mais on ne se disait rien. Tout à coup, il se lève pour s'en aller. On ne s'était pas dit un seul mot. Il s'incline profondément et me dit : « Merci, monsieur, pour cette belle conversation que nous avons eue. » Il y a ainsi une entente sans parole où deux âmes se touchent à travers les ondes. C'est une harmonie. C'est quelque chose de magnifique. Il y a une compréhension sans parole. On se comprend dans la présence de l'autre et on se sent compris. Il n'y a pas besoin de parler. Alors que la plupart du temps, les autres par leur présence vous obligent à vous cacher vous-même, tellement ils sont banals. Alors vous n'avez plus qu'une envie, sauver votre trésor de quelqu'un qui, par sa présence, le met en question.

— *La parole n'est donc pas toujours indispensable. Mais ne pourrait-on aller plus loin avec cette question : la parole n'a-t-elle pas parfois une fonction de barrière ? On parle pour se protéger...*

— La parole peut avoir mille sens différents. Il y a des gens qui aiment s'entendre parler. Il y en a qui sont muets et auraient beaucoup de choses à dire. Savoir s'exprimer, c'est un don extraordinaire. Mais des personnes ont si souvent entendu, étant enfants, leurs parents leur dire « tais-toi », qu'à l'âge de 30 ans ils sont encore presque muets.

— *Quel est le rôle du geste ? Un geste ne sert-il à faire que ce qu'on veut lui faire faire ?*

— Il y a une très belle citation du philosophe Klages : « Seul le sentiment qui peut s'exprimer dans le geste qui le présente peut se développer totalement en tant que sentiment. » Par exemple, vous aimez une femme. Vous voudriez bien l'embrasser et la toucher, mais vous n'osez pas. Mais c'est seulement dans la mesure où vous oserez le faire que votre sentiment pourra se développer. Autre exemple, si vous êtes fâché, vous voudriez taper du poing sur la table, mais votre éducation vous empêche de le faire et en empêchant cela, elle empêche également votre colère de se développer totalement.

— *En communiquant avec l'autre, il arrive qu'un geste puisse dire infiniment plus qu'une parole.*

— Bien sûr. Par exemple, se donner la main. Mais peu de gens savent se donner la main. Les uns touchent la main et la retirent. Les autres serrent tellement fort que les os font mal. D'autres disent : « bonjour », et en donnant la main vous repoussent. Or, il y a une façon de donner la main où l'un peut se reposer dans l'autre, qui se trouve conforté, et à son aise dans la main de l'un. Donner la main c'est une chose d'une très grande importance.

Lorsque quelqu'un vient me voir, je ne lui permets jamais de me donner la main d'une façon qui n'est pas un véritable bonjour. Il n'y a qu'une seule façon de bien se donner la main.

— *Il y a le terme « donner », c'est un don.*

— C'est une façon de se donner sans réserve et d'accepter l'autre sans réserve. Mais, naturellement, il y a des gens auxquels vous n'avez pas envie de serrer la main. Et c'est tout à fait juste, si vous ne le faites pas d'une façon chaleureuse.

— *Quelle est la part du don dans la communication ? Ou encore comment se donner ?*

— Je dirai : dans la vérité. Restez dans votre vérité. Ne faites pas semblant d'aimer quelqu'un et de vous réjouir énormément de le voir, si pourtant il vous agace. Il y a là aujourd'hui un mensonge très courant : les gens font semblant de se réjouir de voir quelqu'un. Et pourtant, ils se disent en eux-mêmes : « Bon Dieu, les voilà. Ce sont les derniers que j'aurais voulu voir aujourd'hui. » Et aussitôt, ils les saluent chaleureusement : « Ça fait si longtemps qu'on ne s'était pas vus ! Comment allez-vous, cher ami ? » Et dès qu'ils se quittent, ils se disent : « Qu'est-ce qu'ils m'ennuient ! » Dans la communication, en général, règne le mensonge.

— *Jusqu'où faut-il aller dans la communication ? N'y a-t-il pas un domaine qu'il faut garder secret comme un temple intérieur ? Ou faut-il se livrer totalement ?*

— Il y a là un problème de respect de la personne et vis-à-vis de soi-même. Nous ne sommes pas en situation pour nous ouvrir à chacun. Il faut, tout autant, respecter le secret de l'autre. On parle de la façon dont on est indiscret, de la façon dont on pose des questions qui entrent dans le secret de la vie d'autrui. On peut tout autant être indiscret vis-à-vis de soi-même et bavarder à propos de sujets que l'on devrait retenir pour soi.

Il s'agit de savoir quelle proximité on a avec l'autre pour connaître la mesure de ce qu'il faut dire ou ne pas dire. Il y a une distance à trouver. Par respect de l'autre, mais aussi par respect pour soi. Ne vous arrive-t-il pas de vous dire : « Pourquoi est-ce que j'ai raconté ça ? J'ai été bavard. Cela ne le regardait pas du tout. J'ai perdu quelque chose en parlant de cette expérience, qui en a été souillée ? » Savoir comment se comporter avec autrui, c'est une question qui peut trouver mille réponses parce que cela dépend de vous, de savoir qui est l'autre et en tant que « qui » vous le rencontrez. Si, par exemple, vous êtes patron d'une entreprise, rencontrez-vous vos ouvriers en tant que patron ou en tant qu'ami ? J'ai vu, au Japon, un patron et un portier, et le patron quittant son bureau s'incliner devant le portier parce que celui-ci était plus avancé sur le chemin intérieur et d'une certaine façon était le maître du patron. C'est une chose qui arrive lorsque l'on sait respecter l'autre selon la profondeur de son développement humain.

J'ai moi-même fait la connaissance de deux maîtres de marionnettes, qui sont au Japon de grandes marionnettes, différentes des nôtres. C'étaient deux petits vieux d'une grande gentillesse et d'une grande simplicité. Des maîtres. Je devais les recevoir à dîner. Et une heure avant, je reçois un coup de téléphone de l'amiral, commandant la flotte japonaise. Il avait entendu dire que les deux maîtres étaient chez moi et demandait s'il pouvait venir dîner. Je lui dis : « Naturellement. » Plus tard, il arrive et alors s'incline avec un respect extraordinaire devant les deux petits vieux qui étaient là assis par terre. L'un fumant sa pipe, l'autre disant : « Bonjour, bonjour. » C'était incroyable de voir le respect de cet homme tout-puissant dans son monde, vis-à-vis de ces petits vieux, parce qu'ils étaient des maîtres. Selon la tradition orientale, il s'inclinait devant la profondeur du maître. Lui, un homme d'une grande valeur et d'un rang élevé, le voilà assis comme un matelot : « Maître, que pensez-vous de ceci ? » Et durant le repas, il ne permettait pas qu'on le serve en premier.

Tout cela dépend donc du respect que vous avez de l'autre. Les gens qui vivent en surface ne peuvent pas s'apercevoir de la profondeur de l'autre.

— *« Le respect de l'autre », c'est une belle expression. Ce n'est plus qu'un vœu pieux dès qu'entre en scène le pouvoir ou l'argent.*

— Certains savent se servir du pouvoir, d'autres non. Le pouvoir vous donne le devoir de guider, mais à certains moments, il est possible que vous soyez obligé d'être dur avec quelqu'un si le groupe duquel vous êtes responsable l'exige. C'est la justice qui doit être à la base du pouvoir. Ce n'est pas le pouvoir qui gâte l'homme, c'est l'homme qui gâte le pouvoir

Si vous me demandez en quoi le pouvoir et l'argent peuvent laisser une place à l'humain, je vous répondrai simplement que c'est une question qui trouve sa réponse dans l'homme.

CHAPITRE VI

« *Le plâtre commence à tomber* »

— *Sur le plan religieux, quelle différence faites-vous entre l'Orient et l'Occident ?*

— La grande différence, en ce qui concerne l'homme, se trouve dans le fait que le mot « personne » ne se trouve pas dans le dictionnaire japonais. Pour l'homme d'une religion orientale — mais peut-être vais-je trop loin —, le sommet spirituel c'est de s'effacer dans l'expérience de la Réalité divine, dans le Souffle, dans l'Energie cosmique. Pour l'Occidental, c'est là une expérience extraordinaire. Ce que nous pouvons apprendre de l'Orient consiste à estimer l'importance d'une telle découverte. Mais ce qui fait la différence, c'est que pour l'Occidental, il est important d'en témoigner dans l'existence. C'est ce qu'on appelle la personne au sens profond du mot : celui à travers duquel « résonne » la Réalité divine... dans sa façon d'être et d'aimer. L'amour est une preuve du Divin expérimenté personnellement.

Ce que nous pouvons apprendre de l'Orient se trouve dans l'expression « le voile de Maya », qui signifie que toute chose que nous apprécions est un invisible élevé dans un état de mystère, dans le visible. C'est le voile. Mais pour nous ce n'est pas le voile, c'est la manifestation du Divin. Beaucoup de personnes sont noyées dans l'esprit cartésien et rationnel. Tout ce qui n'est pas rationnel « n'est que du sentiment ». Justement, c'est dans les sentiments que l'on peut trouver la Réalité divine. C'est l'Etre essentiel qui nous cherche et nous devons nous laisser trouver. Voilà la situation. On ne peut que « recevoir », on ne peut pas « faire ».

Il y a autre chose d'important. La conscience conceptuelle, où est-ce que nous la localisons ? Dans le front. Et bien sûr, on voit des gens qui fléchissent sérieusement, qui ont des soucis et qui ont un regard fixe. Par exemple, le regard du médecin, le plus souvent, repousse le patient qui n'ose plus rien dire face à des yeux pareils. Dans la mesure où notre conscience est située dans le front, nous ne verrons jamais rien de Transcendant. Alors où est-elle située ? Les Hindous parlent de la nuque, comme de la petite porte de *prana*[23]. Chacun peut en faire l'expérience. Dès qu'il met sa conscience dans la nuque au lieu de son front, il verra autre chose. Un geste d'amour ne peut pas être fait avec un front ridé et le regard fixe. Le geste du grand Yin, de la grande caresse, ne peut être fait avec la conscience dans le front. C'est donc le corps entier, le corps qu'on est, qui est l'organe grâce auquel et avec lequel on peut se mettre à l'écoute du Divin dans son corps intérieur.

— *Vous parliez d'être à l'écoute du Divin, mais si l'on en croit les psaumes : « Des profondeurs, je crie vers toi, Seigneur », n'est-ce pas Dieu qui devrait écouter ?*

— L'homme dit : il cherche Dieu. Il devrait dire qu'il doit se laisser trouver. Si on dit : je cherche mon Etre essentiel, alors on peut être sûr qu'on l'empêche de nous toucher.

Dieu ne fait rien d'autre que nous chercher. Chercher à se manifester à travers nous. Quelquefois, il me vient l'idée qu'au fond c'est nous qui faisons souffrir Dieu. Ce n'est pas la plante. Elle lui permet de réaliser la forme voulue inscrite dans sa semence. Elle prend son chemin. Ce sont le gel ou le pied de l'homme qui peuvent la détruire. Mais l'homme n'affronte pas seulement les dangers extérieurs, c'est lui qui s'oppose et qui rend difficile le travail de son Etre qui voudrait s'exprimer, se manifester, à travers ce qu'il est en tant qu'être existentiel.

A propos de la manifestation, l'Orient parle du voile de Maya qui cache tout. Tout ce que nous voyons autour de nous est quelque chose que nous avons fait. Tous les objets qui pour nous sont ça, ça et ça, ne le sont que pour nous. Bien plus, tout ce que nous voyons, l'importance, la signification de toute chose, est le reflet de nous qui nous y sommes engagés plus ou moins.

Vous avez par exemple votre pièce personnelle, il y a beaucoup de choses dedans. Chaque chose a la valeur correspondant à la signification qu'elle a pour vous. Une autre personne entre et voit ces objets : « Ah, quelle belle œuvre d'art avez-vous là ! » Mais peut-être pour vous est-ce une petite pierre que vous avez dans un coin de la chambre qui est la chose la plus importante, parce qu'elle vous a été donnée à un moment précis par telle personne. Les significations que nous donnons aux choses reflètent que nous nous retrouvons dans toute chose qui nous entoure.

C'est au fond l'invisible qui compte. C'est l'invisible qui est la véritable réalité. C'est ce que veulent dire également les Orientaux. L'invisible qui est au fond la réalité et pas seulement ce que l'on voit. Ce que l'on voit est une projection de l'homme. Mais au fond, il y a autre chose avec l'invisible. Je crois qu'on peut essayer et peut-être arriver à ouvrir l'œil « invisible » dans le visible. Le voile de Maya c'est ça. La signification que nous donnons aux choses dépend de nous. Ce qui est conditionné par le temps et par l'espace, par notre conscience objectivante aussi et par la façon dont nous cherchons les causalités, tous ces concepts-là font partie d'une réalité qui n'est pas encore le Réel.

Tandis que pour l'Oriental, ce n'est qu'un voile et la seule réalité est derrière ce voile. Pour nous on peut apprendre qu'à travers quelque chose que l'on voit, on peut avoir l'expérience de ce qu'on ne voit pas. Pourvu que l'on sache s'ouvrir, que l'on soit capable de se mettre à l'écoute de ce que l'on voit. Pourvu que l'on puisse engager la conscience qui n'est pas dans le front mais dans la nuque. Alors on sera capable d'entendre autre chose. L'ouïe va plus loin que la vision. Pourvu que l'on soit capable de se mettre à l'écoute et alors oui il y a ce Tout Autre. Tous ces petits poèmes orientaux sont des efforts pour nous faire sentir cette Réalité cachée.

Mais pour nous, ce n'est pas qu'un voile, c'est aussi la manifestation. Voilà, je crois, la grande différence entre l'esprit oriental et l'esprit occidental, en nous-même. Parce que l'Orient et l'Occident ne sont pas simplement deux concepts. Mais, comme il y a le yin et le yang en nous-même, il y a l'Orient et l'Occident en chacun de nous. Il y a des Européens qui sont plutôt orientaux qu'occidentaux. Et les Japonais sont les Occidentaux de l'Extrême-Orient. Ils développent une force yang incroyable. Ils utilisent beaucoup plus que nous leur conscience objectivante pour les industries, en engageant une conscience qui n'est pas du tout orientale.

C'est curieux comme ça change. En Occident, pour la première fois, il y a toute cette vague de jeunes qui ont le goût de l'au-delà, apparemment réservé jusque-là à l'Orient.

Nous avons déjà parlé de l'Orient et de la sagesse orientale...

Je vous ai dit la définition que donne maître Suzuki de la sagesse orientale : « Le cerveau occidental regarde au-dehors. La sagesse orientale regarde au-dedans. Mais si vous regardez en dedans comme vous regardez au-dehors, alors vous faites du dedans un dehors. » Cela signifie que vous faites du dedans un objet. Lorsque j'ai entendu cette phrase pour la première fois, je me suis demandé : « Quelle psychologie du dehors ne fait-on pas ? Du dedans un dehors ? Un objet ? Comme un scientifique qui essaie de trouver un concept pour ce qu'il voit, de le fixer. Mais comment faire autrement dans la mesure où nous engageons notre conscience objectivante ? »

Pourtant, là, faites attention ! C'est vraiment un cri de la Vie qui est lancé à travers la bouche de maître Suzuki ! L'homme qui fait du dedans un dehors ! Le sujet de Dieu devient un objet, quelque chose, un « ça » !

Aussi me suis-je demandé : « Au fond, ne devrait-on pas regarder dehors comme on regarde au-dedans ? » C'est-à-dire prendre les choses extérieures comme choses, mais traverser leur surface et sentir que, justement, elles ne sont pas objets ?

Est important notre façon de voir ce qui nous entoure. Rien, pas même un mur blanc, ne sera simplement une chose. Dès qu'on rencontre quelque chose, c'est un « toi ». Le « toi » fait partie de la constitution de la conscience humaine. Tout ce dont nous devenons conscients nous touche et nous parle en tant que « toi ». Par exemple, un mur blanc peut nous dire : « Je ne veux pas de toi. » Nous lui répondons : « Et moi, je ne veux pas de toi. » Tout de suite, il y a un refus. Ou bien quelque chose peut nous attirer et surtout nous parler. Les choses nous parlent et alors ça va plus loin que ce qu'on voit.

J'aime toujours répéter l'exemple de la fleur dans mon bureau, et que je mets en face de la personne qui vient me voir. Je lui dis : « Regardez-la. — Ah oui, c'est une belle fleur. — Non, restez dessus. Regardez-la. »

Alors, inévitablement, au bout de deux minutes, il se tourne vers moi un peu effrayé et dit : « C'est curieux, mais tout à coup j'ai eu l'impression que c'est la fleur qui me regarde. — Eh bien, restez avec elle. »

Cela dure encore deux ou trois minutes, il se retourne et me dit : « — J'ai l'impression que c'est la Fleur dans cette fleur qui me regarde en moi. — C'est bien, restez encore. »

Alors à partir d'un certain temps, il dit : « Cela devient de plus en plus curieux, elle commence à me parler. »

Vous savez les choses nous parlent si nous avons le temps d'écouter et de nous mettre à l'écoute. Prenez le vieux mur d'une maison. Cela nous attire, nous restons devant : « Que c'est joli. » Tout à coup ce mur commence à nous parler. Alors, c'est ça. Et si on se demande comment conserver pendant la journée l'attitude qui nous tient en contact avec le Tout Autre, je dirai : tout ce que vous faites, faites-le un peu plus lentement. De temps en temps, arrêtez-vous. Prenez un petit recul et mettez-vous à l'écoute de ce que vous venez de regarder. Ce peut être une pierre, une fleur, une maison, ce peut être un objet dans une vitrine. Une robe exposée. Une couleur qui vous frappe. Restez là, entrez dans cette couleur et laissez la couleur vous dire quelque chose. Cette attitude de vous mettre à l'écoute vous ouvre la chance d'entendre quelque chose quand le Tout Autre vous parle. Je crois qu'il faut faire l'effort de s'arrêter pour pouvoir être touché et ne pas sortir de cette façon d'être à chaque instant.

Ainsi se trouve reliée l'Existence à l'Essence. Le Moi existentiel est autre chose que le petit moi. Le moi qui est capable d'éprouver l'amour est encore le moi existentiel, ce n'est pas celui touché par le Tout Autre. Mais il doit préparer le chemin afin que le Tout Autre puisse vous toucher un beau jour. Le sens du rationnel est de préparer des lieux dans lesquels le non-rationnel puisse vivre et s'épanouir.

— *Parlant de la sagesse orientale, vous en venez souvent au Dieu des Occidentaux. Pourtant, il n'est pas évident pour tout le monde qu'entre Dieu et Bouddha il y ait un lien de parenté.*

— Je connais un religieux auquel, il y a trente ans, un maître zen a dit : « Venez chez moi, vous allez apprendre quelque chose. — Quoi ? — Vous allez apprendre ce qu'au fond le Catholicisme veut dire. »

Ce religieux m'a dit plus tard : « Il avait raison. Plus je pratique le zen, plus je fais l'expérience du Christ. »

— *Nous avons une autre divinité en Occident : la science. Est-elle compatible avec la Transcendance intérieure ?*

— Les Hindous se demandent aujourd'hui comment développer les techniques scientifiques sans perdre les racines de la grande Tradition. Une question qui nous intéresse en Occident, où nous nous apercevons que la crise n'est pas seulement la crise économique, mais également la crise intérieure.

Comment faire pour combiner les deux : l'esprit scientifique et l'esprit spirituel ? J'ai répondu un jour lors d'une conférence en Inde : « Il faut un autre réalisme pour combiner les choses. Chez nous, il se passe la même chose avec la religion. Il ne s'agit pas de sauver les vieilles images et les vieilles théories, mais il s'agit de trouver, peut-être, pour la première fois, l'accès à l'expérience. » C'est une question qui les a beaucoup intéressés. Partout, on m'a demandé de parler de cela.

Il est important de voir que la lumière qui venait de l'Orient, je crois pouvoir dire qu'elle vient aujourd'hui de l'Occident. Pourquoi ? La lumière, dont il s'agissait dans le temps, c'était la découverte de la Réalité dont parle Lao-tseu. Mais l'Occident s'est retrouvé sur un plan plus profond grâce aux suggestions qui venaient de la grande Tradition. Le problème aujourd'hui est celui de l'intégration de cette expérience dans les problèmes de l'existence. Un maharadjah me disait un jour : « L'illumination et la créativité dans le monde s'excluent l'un l'autre. — Pourquoi ? — C'est notre tradition. On a un fils, on a un arbre, on écrit un livre. Et à 40 ans, on peut prendre la robe jaune et s'occuper de l'illumination. Vous voyez, ce sont deux choses complètement différentes. »

Je lui dis : « Alors prenons la troisième solution, celle de la transparence pour la Transcendance qui est de réintégrer ce qu'on a trouvé dans l'expérience. C'est le troisième chemin qui représente la lumière qui vient de l'Occident pour l'Orient également. »

— *Par le passé, dans toutes les civilisations, les religions étaient chargées d'exprimer l'essentiel et de le mettre à la portée du commun des mortels. De nos jours, l'ensemble des religions est bien malade. Une porte s'est-elle fermée sur l'Essentiel ?*

— La situation de la religion et de l'Eglise aujourd'hui est très difficile, car justement on commence à comprendre la différence entre l'enseignement de l'Eglise et l'expérience du Divin.

Parler de la reconnaissance de l'expérience du Divin qui est le noyau de l'homme est quelque chose qui aurait été impossible il y a encore une cinquantaine d'années. Parce que le réel n'était que ce que l'on peut peser et comprendre avec sa conscience conceptuelle. Tandis qu'aujourd'hui, les scientifiques eux-mêmes commencent à comprendre qu'il existe une autre réalité. Les savants arrivent à un engagement de l'esprit dans leur recherche qui est bien autre chose que la simple intelligence traditionnelle. Ils ont besoin de se mettre dans un état d'être pour comprendre de quoi il s'agit.

— *Est-ce que cela signifie que l'on pourrait accéder à l'Essentiel par différentes voies, dont la voie scientifique ?*

— Si vous poussez la recherche scientifique le plus loin possible, alors vous arrivez à un moment où vous devez regarder les choses d'une façon qui ressemble un peu à l'attitude du religieux. Avec une conscience rationnelle froide qui ne s'engage pas et garde une certaine distance, vous ne pouvez pas tout comprendre et prendre un rôle actif dans la recherche. De l'autre côté, les expériences de l'Etre essentiel qui sont loin d'être rationnelles deviennent de plus en plus fréquentes, aussi peut-on commencer à les comparer. Dès que vous êtes capable de comparer ces expériences, vous arrivez à une sorte de recherche scientifique.

— *Mais, c'est tout de même la science qui fournit le modèle d'organisation de la société, qui exclut l'humain.*

— Le modèle scientifique reste à double tranchant. Le scientifique, l'homme qui se sert de la science, n'est pas nécessairement un rationaliste. Mais en allant au bout, aux extrêmes, au-delà des dimensions, on dépasse la conscience rationnelle. J'ai connu un grand mathématicien qui disait : « Dans ma jeunesse, je me suis aperçu que lorsque le professeur faisait un exercice au tableau, j'avais déjà tout compris, et que pour résoudre certains problèmes mathématiques, je préférais m'asseoir sur la branche d'un arbre et bien suivre ma respiration. » Il avait compris que la source de la science réside dans un état d'être qui concerne l'homme entier, sa façon d'être dans son corps. C'est évidemment très surprenant pour quelqu'un qui pense que la science a sa source uniquement dans le cerveau.

— *Pour revenir à la religion, n'y a-t-il pas aujourd'hui un vide dans la société, là où autrefois se plaçait l'Eglise d'une façon vivante ?*

— Bien sûr, il y a aujourd'hui un vide. J'ai rencontré beaucoup de jeunes théologiens qui m'ont dit : « Nous sommes prisonniers d'une théologie qui nous empêche d'être touchés par le théologos. »

Un jour est venu à Rütte la supérieure d'un monastère de Capucines. Trois semaines après être repartie, elle m'a écrit : « Chez vous, pour la première fois de ma vie, j'ai fait connaissance avec la transcendance intérieure. Le plâtre commence à tomber. » Qu'est-ce que le plâtre ? La croyance qui n'est rien d'autre que de croire l'enseignement de l'Eglise. Il y a beaucoup de choses que l'Eglise peut enseigner : les dogmes, la théologie, le culte, etc., mais de rendre l'homme capable de prendre au sérieux ses expériences profondes, c'est tout autre chose. A ce moment-là, tout ce qui n'est pas expérience est quelque chose qui peut tomber comme du plâtre.

La Transcendance intérieure vers laquelle il faut devenir transparent est un terme qui indique que le contenu de certaines expériences profondes, mystiques si vous voulez, peut provoquer un tournant dans la vie de l'homme. Des personnages comme Pascal, Maître Eckhart ou Teilhard de Chardin ont connu des expériences qui ont changé leur vie.

— *Est-ce que le Divin ne prend pas parfois une image effrayante ? La reconnaissance du Divin ne fait-elle pas peur ?*

— Rien n'est plus dangereux pour le moi existentiel que Dieu. Alors l'Etre essentiel est souvent pour celui qui est pris intérieurement par son moi essentiel, une force qui dit : « Je vais te mettre de côté, tu n'as pas à prendre la première place. » L'Etre est par définition l'ennemi d'un moi qui ne veut absolument pas céder sa place.

En Allemagne, on raconte cette histoire qui se passe chez Dieu. Un jour de Gaulle arrive et Dieu lui dit : « Bien, mon fils, assieds-toi à ma droite. » Arrive Adenauer qui a signé le pacte d'amitié avec la France. Dieu lui dit : « Viens, mon fils, assieds-toi à côté de moi, de l'autre côté. » Puis arrive Strauss, un politicien bavarois. Dieu le reçoit : « Viens près de moi, mon fils. » Alors Strauss lui répond : « Tout d'abord, je ne suis pas votre fils ! Ensuite vous êtes assis à ma place ! »

Voilà l'attitude du moi vis-à-vis du Divin. Il s'en fiche de cette histoire de l'Etre. Mais si l'Etre s'éveille alors l'être existentiel doit lui céder sa place.

— *Donnez un nom au Divin, n'est-ce pas le limiter ?*

— On peut penser cela. Mais c'est tout simplement un fait que toutes les cultures, toutes les races ont donné un nom au Divin. Mais les expériences profondes d'où viennent toutes les religions sont des expériences sans images. Ce sont des expériences de bouleversement. Tout à coup on sent un amour, on se sent à l'abri, consolé, rempli d'une nouvelle force, envahi par une lumière ou une chaleur extraordinaire. Mais tout cela, sans images ! Si une expérience pareille tombe sur l'écran d'un peuple ayant une tradition, elle devient image. A ce moment il est produit une divinité en tant qu'image, grâce à des expériences sans images. C'est de cette façon que les différents peuples ont tous une imagerie de leurs divinités. Prenez les *Tankha,* où se retrouvent des images pour toutes les qualités de l'homme. Chacune est l'expression d'une divinité particulière, noire ou blanche. C'est une fantaisie extraordinaire que de créer des images exprimant certaines qualités.

Dans le Shintoïsme, chaque chose vivante représente une divinité. Chaque arbre, chaque fleur est au fond un petit Dieu. Tout est *kami.* Le mot kami veut dire Dieu mais dans un sens très différent du nôtre.

« Tout ce qui est visible est un invisible élevé dans un état de mystère », dit un poète allemand. Cet invisible, c'est l'au-delà qui est le noyau de toute chose.

— « *L'invisible* », *c'est finalement le visage du vide...*

— Il y a une définition de la foi, qui est la suivante : « Sauter dans l'inconnu sans réserve et avec confiance. » Alors, c'est aussi le vide. J'ai eu beaucoup de mal à me faire comprendre sur la méditation sans objet, tandis que la méditation chrétienne est une méditation avec objet. On a pensé : « Voilà ce Dürckeim qui parle d'une méditation sans objet, que veut-il dire ? C'est très dangereux. »

Un jour j'ai été invité à un grand congrès où se trouvaient tous les Jésuites de langue allemande. Alors, j'ai essayé de faire comprendre la chose suivante : nous disons que nous nous rencontrons dans le Christ. Nous disons qu'il n'y a rien qui ne soit la manifestation du Verbe dans le temps et dans l'espace. Mais pour pouvoir rencontrer le Christ en toute chose et surtout quand nous nous rencontrons, nous devons nettoyer notre œil de toutes les images et de toutes les pensées. Nous devons prendre au sérieux la parole de Dieu de ne pas vouloir être regardé à travers les images mais dans l'Esprit et la Vérité.

Alors, chercher le vide dans ce sens-là, c'est d'abord se débarrasser de ce qui est « beaucoup » afin que dans ce qui est le vide se trouve l'ouverture pour l'être. Qu'éclate la plénitude ! Saint Thomas définit l'ascèse de la façon suivante : c'est une discipline bien ordonnée sur nous-même afin qu'éclate la plénitude de l'être. Quelle belle définition ! L'ascèse, qu'on voit toujours d'une façon très cruelle... La plénitude qui éclate : c'est ça le sens de l'ascèse. Le vide veut dire : se débarrasser de tout ce qui est pensée, imagination. Même une image du Christ !

J'ai connu des gens qui ont eu une véritable expérience du Divin. Mais ils disaient : « A un moment donné, je ne savais pas si c'était le diable. — Pourquoi ? — Parce que le Christ n'était pas présent. »

Alors je me suis aperçu qu'ils voulaient parler d'une image du Christ et bien souvent d'une image du petit Jésus que l'on porte en soi depuis son enfance. Cette image vous empêche de prendre au sérieux le fait d'être touché d'une façon inconnue, effrayante. Parce que le Divin qui vous touche, ce n'est pas drôle. C'est fascinant ! En même temps, il n'y a rien de plus dangereux parce qu'il nous fait trembler dans la belle façade que nous avons atteinte. Nous y sommes tellement bien ! Nous faisons du bien ! Il n'y a rien à se reprocher. Alors, soudain, on se dit « Qu'est-ce qui m'arrive ? »

En psychologie de la profondeur, on parle beaucoup de l'ombre. L'ombre, c'est quelque chose de noir. Quelque chose qui est en nous et qui est noir. Pourquoi noir ? Parce que c'est quelque chose qui fait tembler notre surface. Qu'est-ce que c'est ? Ce sont toutes les choses qu'on a refoulées, qu'on n'a pas pu vivre. Par exemple, quelqu'un vous a vexé, vous vous dites : « Il ne peut pas me faire ça ! Moi, personne ne me vexe ! » En vérité, vous auriez voulu lui donner une bonne gifle, mais vous ne l'avez pas risqué. Vous n'avez pas su répondre. Alors cette force dynamique qui n'a pas pu sortir reste là-dedans. Elle bout. Elle est devenue noire et à chaque instant est prête à exploser.

Il y a d'autres choses aussi. Les choses qui font partie de tout ce que nous sommes et qui n'ont pas pu sortir sont là dans l'inconscient. Là il faut essayer de voir les choses en face et de les reconnaître. En général, c'est dans l'enfance que l'on n'a pas pu vivre comme l'aurait voulu notre Etre profond.

La vie de l'homme se fait sur deux plans : l'être conditionné et l'être non conditionné. Et si vous me demandez quel est mon problème, je vous dirai : « Ce sera toujours : mon Karlfried — mon prénom — pourra-t-il jamais percer la croûte de Dürckeim ? » Jouez à ce jeu pour vous-même. Prenez votre nom de famille comme nom de l'être conditionné, né dans une certaine famille, avec une certaine éducation, arrivé maintenant comme la personne que l'on connaît. Mais derrière, il y a un être qui n'est pas conscient. Et cet être non conditionné en nous-même voudrait bien se manifester à travers l'être conditionné. Et nous, en tant qu'être conditionné, nous devons nous donner la peine de sentir cet être profond que nous sommes au fond.

A cause de la façon dont l'homme est créé par Dieu, il n'est pas appelé tout de suite sur le chemin, mais dévie d'une certaine façon de sa conscience objectivante, il est dans l'exil. Cela aussi est voulu par Dieu, parce que ce n'est que sur l'arrière-plan d'une déviation qu'on peut devenir conscient du véritable chemin. Ce n'est que grâce à ce *mea culpa* qu'on est capable de sentir ce qu'on a perdu et ce qu'on reste au fond de soi-même. En nous-même, il reste toujours le citoyen du paradis. Mais ce « citoyen », du fait qu'il ne peut pas encore sortir, est l'ombre la plus profonde. C'est-à-dire que c'est lui la chose la plus dangereuse pour notre belle façade. J'effraie parfois les gens lorsque je leur demande : « Vous savez quelle est l'ombre la plus profonde ? — Non — C'est le Christ en nous-même. » « Comment pouvez-vous dire cela ? La lumière même, être l'ombre ? »

Il y a deux types d'ombres. D'une part les agressions, les tentations que nous avons subies et que nous n'avons pas pu accepter. Banal, cela se situe sur le plan existentiel.

Et puis il y a l'ombre profonde, notre réalité essentielle. C'est la divinité en nous-même, qui ne peut se manifester. Elle en est empêchée par notre façon de voir les choses, notre conscience objectivante, qui va à côté de ce qui est vraiment cet être profond.

Dans l'Eglise, dans la vie religieuse, la base de la foi n'est pas seulement ce que vous apporte la théologie, mais c'est aussi l'expérience intérieure. Alors, on saura développer le goût du numineux. Un chien de chasse, si vous l'envoyez dans la forêt, il ne lui arrivera jamais de passer par-dessus la trace du gibier. Tout de suite, il est à l'arrêt. Pourquoi ? Parce qu'il est en permanence sur le qui-vive. Parce qu'il va rencontrer quelque chose d'important. Eh bien, nous devrions être comme un chien de chasse vis-à-vis du Divin, pour ne pas manquer l'instant où il nous touche. Mais nous ne sommes pas éduqués pour sentir le moment où ça nous touche. Et ça peut nous toucher à travers tout ! Si notre œil est ouvert, il n'existe pas d'exception. Si notre œil n'est pas empêché de voir clair, parce qu'existent trop d'images, de préoccupations, de préjugés. A peine rencontrons-nous quelqu'un que nous savons déjà qui il est ! Nous sommes tellement doués pour voir à travers la surface ! Non. Il faut attendre, savoir prendre du recul, être disponible à ce qui vient vraiment vers nous. Mais nous aimons tellement nous promener dans ce que nous connaissons ! Nous avons tellement peur de ce qui est nouveau ! Je vous assure, pourtant, que dès que l'on est touché par le Divin, on ouvre un œil complètement différent ! Parce que toute chose commence à luire d'une lumière intérieure. Toute chose est une manifestation et en même temps une cachette du Divin. Cela ne se laisse pas voir comme ça ! Mais donc grâce à cet arrière-plan de la déviation que nous sommes capables de sentir notre véritable patrie. Voilà l'éducation que vous devez faire vis-à-vis de vous-même. Cet exercice est initiatique. *Initiare* veut dire : ouvrir la porte du mystère, du secret. Qui est en toute chose et tout d'abord en nous-même.

CHAPITRE VII

Tout perdre

— *Vous parliez de l'Eglise et des murs du « théologos », mais en médecine et en psychologie, il y a également les « murs » qui empêchent le contact.*

— Il y a encore des médecins qui nient la cause psychique d'une maladie physique. Pourtant, chaque maladie qui ne se trouve pas chez l'animal a une cause psychique. Cela va beaucoup plus loin. L'organe par lequel nous pouvons sentir la transcendance intérieure c'est la conscience du « corps qu'on est ».

— *Qu'est-ce qu'un médecin ? Et qu'est-ce qu'un thérapeute ?*

— La souffrance est niée naturellement par le moi. Guérir veut dire rendre la santé à quelqu'un, lui rendre son efficacité, le remettre dans la plénitude de son corps. Le dentiste restera toujours celui qui soignera les dents et le médecin celui qui vous rendra la santé. Mais guérir, en thérapie, c'est autre chose. Dans le temps on ne disait pas médecin, on parlait du thérapeute, c'était le « compagnon sur le chemin ». En allemand, nous avons le verbe *heillen* qui veut dire guérir au sens ordinaire, mais en même temps, ça veut dire conduire sur le chemin vers le salut, *heil.*

Ce n'est pas tout. La spiritualité profonde n'est pas celle des arts, de la philosophie, toute cette « spiritualité du cerveau », qui peut être raffinée. Il s'agit d'une spiritualité complètement différente. Je dirai même que plus un homme est doué pour cette sorte de spiritualité intellectuelle, moins il est capable d'être touché par son être profond, parce que cela n'entre pas dans ses centres d'intérêt. La « spiritualité du cerveau » peut être l'ennemie de cette spiritualité, l'expression de la connaissance grâce à l'expérience de l'Essentiel.

Je crois que c'est l'espoir de notre temps. Un jour, lors d'un congrès à Paris, quelqu'un me demande : « N'y a-t-il plus de révélation aujourd'hui ? » Je lui ai répondu : « Justement, la révélation de notre temps, c'est l'expérience de l'Etre, comme point de départ d'un chemin à faire intérieurement, consciemment, en acceptant la petite mort. » La vieille phrase « mourir pour vivre » y trouve sa signification.

Je dirai même que le thérapeute de l'homme âgé, l'âge dont je parle à présent commence vers 40 ans, est la mort. Le thérapeute de l'homme : la mort ? Mais oui. La mort a un message pour l'homme âgé. Il dit : « Tu peux maintenant lâcher prise, lâcher ce qui était jusqu'à présent au centre de ta vie. Laisse ça et mets-toi à l'écoute de ton intérieur. Lâche ce qui t'a occupé en tant qu'être existentiel et permets à ton être essentiel de se manifester. Commence à cheminer vers la maturité. » Qu'est-ce que le fruit de la maturité ? C'est l'homme qui devient témoin de l'être dans sa vie. C'est l'homme qui a dépassé toute peur de la mort. C'est finalement l'homme qui meurt avec un sourire comme le psychologue C. G. Jung, qui a enseigné ce chemin intérieur. Il parlait de l'initiation comme expérience de départ et de l'individuation comme but de ce chemin[24].

— *Vous parlez de maturité. C'est pourtant une notion inexistante en psychologie et dans l'éducation en général.*

— En Allemagne, dans la pédagogie, le mot maturité n'existe pas. Terrible de voir la façon dont les hommes sont menés sur un chemin qui les rend prisonniers d'un esprit et d'un ordre de la société, où chacun est réduit à l'état de fonctionnaire, responsable d'une petite chose et où la liberté profonde de son être est mise en danger. Je trouve que l'Etat ne devrait pas voir seulement le bien-être et la sécurité des citoyens, mais s'occuper de lieux où pourrait se développer la Vie, au sens profond du mot.

La chose la plus importante de nos jours, c'est de connaître les limites de la conscience rationnelle. Certes, les découvertes qui lui sont dues sont incroyables. Il suffit de voir la navette spatiale américaine atterrissant dans le désert. Ou les transplantations d'organes. C'est seulement un aspect. L'autre, c'est que dans l'effort qu'a fait l'esprit occidental dans cette direction, il a négligé la réalité de l'homme en tant que sujet.

Je me souviens, lorsque j'étais étudiant, d'une situation très parlante là-dessus ; lors d'un cours, le professeur dit : « La note *do,* c'est 250 vibrations à la seconde. » Je me lève et dis alors : « Vous ne pouvez pas dire ça. Vous pouvez dire que lorsque l'on entend le son *do,* il y a quelque chose qui vibre à cette vitesse, mais le son *do* en lui-même est différent.

— Que voulez-vous dire ?

— C'est une qualité que l'on ressent, qui vous touche. Différente de la qualité ré.

— C'est très bien, répond-il, mais ce n'est que subjectif. La réalité ne se trouve que dans les ondes.

— Mais je vis, moi, avec les sons, pas avec les ondes.

— Je vous assure, dit-il, ce sont les ondes qui forment la réalité, tout le reste n'est que subjectif. »

Je crois personnellement que dans cette phrase : « La réalité n'est que ce que l'on peut mesurer comme onde. Tout le reste n'est que subjectif », il y a la grandeur et la tragédie de l'esprit occidental. D'un côté, cela nous a rendus capables de développer les techniques. De l'autre côté, nous avons oublié la profondeur de l'homme. Ce n'est qu'aujourd'hui que nous assistons à la reconnaissance de la réalité de l'homme intérieur.

— *Pour se mettre en chemin, faut-il trouver un maître ?*

— C'est la grande question. Vous pouvez vous demander où sont les hommes qui nous aident à avancer sur ce chemin. L'Orient a eu des maîtres. Le maître est tout simplement celui qui est engagé par le Divin dans l'homme, quelle que soit son expression. J'ai d'ailleurs écrit un livre là-dessus : *Le maître intérieur*. Le maître est celui qui est capable d'éveiller dans son disciple la réalité profonde du Divin. La personne qui est en chemin trouvera un beau jour un maître pour elle-même. Le maître extérieur est celui qui sait éveiller ce que chacun a dans sa profondeur, dans sa Réalité essentielle.

L'Orient a toujours eu ce concept de « maître » : une personne réelle qui a sa vie existentielle et a en même temps la connaissance de la vie intime de l'homme et du noyau divin que nous sommes. Il s'agit d'un Réalisme transcendantal, c'est-à-dire de la reconnaissance d'une réalité qui est plus forte que toute autre réalité. Elle rend l'homme capable de supporter même la mort. C'est une réalité au-delà de la mort et de la vie humaine. Elle qui est à la base de la nostalgie dont nous parlions. La nostalgie, c'est donc le souvenir inconscient de quelque chose qu'on a perdu.

— *Nous transportons avec nous tout un bagage psychologique, un passé, des frustrations. N'y a-t-il pas là des obstacles qui encombrent ce chemin et étouffent cette nostalgie ?*

— Bien sûr. On doit voir là deux choses : le moi existentiel et le je essentiel. Le moi existentiel est celui qui, sans rapport avec l'être essentiel, est capable de vivre une vie de bon bourgeois. Il a son travail, s'occupe de sa santé, cherche à avoir une épouse et des enfants, une petite maison. D'une certaine façon, il a pu faire sa vie. Mais bien souvent cette personne tout à fait ordinaire ne peut même pas vivre sa vie parce qu'elle est bloquée par toutes sortes de difficultés intérieures. Pour cela, le thérapeute et le psychothérapeute essaient de débarrasser l'homme des blocages qu'il a, par exemple, à cause d'une mauvaise relation qu'il a eue avec sa mère ou avec son père qui était trop fort ou qui ne savait rien de la liberté qu'il devait laisser à ses enfants. Il y a beaucoup de causes, surtout dans la petite enfance, qui bloquent le chemin naturel de l'homme pour se réaliser. Il y a un mot très beau d'un poète allemand : « En chacun de nous, il y a l'image d'une personne, et aussi longtemps qu'il n'est pas capable de réaliser cette image, il sera malheureux. »

C'est ainsi que la psychologie de la profondeur joue un grand rôle. Elle s'occupe justement des causes de frustrations de l'homme, qui ne sont rien d'autre que ce que l'on appelle l'ombre. Ce sont des énergies refoulées qui empêchent l'homme de se servir de tous ses pouvoirs et de ses facultés. La psychanalyse de Freud, de Jung ou de qui que ce soit, joue ce rôle de libérer l'homme. Mais il s'agit du moi existentiel, qui doit d'abord être libéré.

Tout autre chose est alors le thérapeute au sens ancien du mot : « compagnon sur le chemin du salut ». Ça, c'est bien différent de la santé. Car le progrès sur ce chemin est toujours une mort et une vie. C'est toujours la souffrance qui en est le maître. Sans souffrance, il n'y aurait pas de progrès. A côté du psychologue et du psychothérapeute qui ne cherchent que la libération du moi existentiel, le thérapeute, dans le sens profond, conduit sur le chemin initiatique. C'est-à-dire qu'il doit savoir éveiller en chaque homme qu'il conduit la sensibilité au noyau transcendantal. Quelles expériences a-t-il faites ? Quelles conditions l'aident à retrouver l'expérience de son noyau profond ? Etc.

— *Quel est le prix à payer pour avancer sur ce chemin ?*

— Il s'agit de tout perdre pour gagner un petit peu. L'homme doit être capable de sacrifier tout. Surtout tout ce qu'il est comme « moi », pour trouver le fil d'or qui le relie à sa réalité essentielle. Le moi existentiel essaie avant tout d'éliminer le plus vite possible la souffrance. Mais l'homme sur le chemin initiatique sait que justement la façon d'aborder la souffrance le fait avancer.

Reprenons l'exemple du médecin qui dit à l'un de ses clients : « Vous avez un cancer. » Pour l'homme qui n'est que l'homme existentiel, c'est la catastrophe, qui veut dire : « La mort inévitable s'approche de moi. Voilà. Je dois mourir. Je suis malheureux. » Pour l'homme qui est sur le chemin essentiel, il est ridicule de penser qu'on puisse éliminer la mort. Pour lui, il s'agit seulement de savoir : « Comment m'approcher de cette mort ? » Quand il apprend qu'il a un cancer, il lui vient à l'esprit : « Voilà, c'est un cancer. Je dois vivre avec, c'est-à-dire que je vais vivre en sachant que je vais mourir. La mort fait partie de la vie. Jusqu'à présent, j'étais tout à fait dans l'existence, mais maintenant je dois me soumettre à cela : vivre avec la mort. » Naturellement, c'est facile à dire. Pourtant, à ce moment-là, la mort devient le thérapeute de l'homme. C'est grâce à la possibilité d'accepter la mort qu'on est capable de vivre une vie plus profonde. La profondeur de notre vie humaine se manifeste dans notre relation avec la mort. Pour celui qui est sur le chemin, ce n'est pas une fin terrible, mais le passage à une autre réalité. C'est en tout cas quelque chose qui fait inévitablement partie de la vie humaine, et rien de ce qui fait partie de la vie humaine n'est à éliminer.

Il n'y a donc pas que le médecin qui compte, et justement le thérapeute doit prendre les choses en main pour aider l'autre à accepter la vie qui appartient à la mort.

— *Mais avant la mort ultime, la vie est peuplée d'épreuves et d'échecs, qui sont d'une certaine manière, chacune, une « petite mort »...*

— Pour celui qui est sur le chemin, les petits et les grands malheurs lui donnent lui-même la connaissance de sa situation. L'homme existentiel est toujours en train de se maintenir. Dans son corps, il est toujours avec les épaules en l'air. Il n'a pas confiance. Il est toujours sur le qui-vive. Tandis que l'homme, dans la mesure où il est sur le chemin, sait qu'il a un noyau qui est au-delà de la vie et de la mort. Ce n'est pas une croyance.

— *Donc, il accepte la mort ou les « petites morts ».*

— Oui, et il sera dans une attitude de recevoir. C'est là qu'il doit mûrir. Qu'est-ce que ça veut dire mûrir ? Mûrir, c'est le temps dont nous avons besoin pour nous apercevoir que de nouveau nous sommes dans une attitude fausse. Et ce temps-là doit devenir de plus en plus court. Ou encore, c'est le temps dont on a besoin pour s'apercevoir qu'à nouveau on est tombé dans les filets du moi existentiel et qu'à nouveau on est emprisonné par des angoisses et des peurs : « Bon Dieu, qu'est-ce qui va m'arriver ? » On est à nouveau en train de se maintenir. Les malheurs de l'existence sont l'occasion de prouver qu'on se trouve sur un autre plan et qu'on ne peut être renversé par les petites choses qui renversent l'existence.

Le moi existentiel est finalement enraciné dans l'existence de telle sorte qu'il est sous la direction de son Etre essentiel. Parce que, finalement, c'est notre moi existentiel qui doit faire notre travail dans le monde. Même le saint manifeste son lien avec l'éternel dans sa façon de vivre cette vie dans le temps et dans l'espace. C'est toujours « ici » que nous allons en donner la preuve. Dans la façon dont nous sommes avec les autres, la façon dont nous touchons un objet, la façon dont nous remplissons notre rôle. Nous pouvons faire tout cela les épaules en l'air, toujours empressés et nous pouvons le faire dans une attitude qui est « sainte », qui est l'expression d'un lien avec « ailleurs ».

— *Est-ce l'approche de la mort qui fait que les personnes âgées ont cette capacité d'accueil, cette présence ?*

— Naturellement, la façon dont vous envisagez la mort, si vous en avez peur, vous ne serez jamais capable de dégager une autorité en tant que « vieux ». L'homme âgé qui a peur de la mort n'a pas le droit d'exiger un grand respect, parce que lui-même est d'un manque de maturité incroyable. Mais ce manque de maturité est aujourd'hui très commun.

Beaucoup de gens entendent un beau jour pour la première fois dans leur vie qu'ils vont mourir. Un jour, on a entendu parler pour la première fois de la bombe atomique et des millions de personnes se sont rendu compte qu'il faudra mourir un beau jour, parce que la bombe atomique est le symbole même de la mort.

Aux Etats-Unis, on a une telle peur bleue de la mort que le défunt est maquillé. On le met dans un fauteuil et on lui sert encore un thé et on invite des amis pour le thé. Le voilà assis, mort, mais arrangé comme quelqu'un de bien portant. Tout cela pour dire : la mort n'existe pas. Le cercueil devient un théâtre. Nier la mort devient une coutume.

— *La mort, n'est-ce qu'une disparition sur le plan physique ? En ce qui concerne l'essence, qu'est-ce qui se passe ?*

— Si vous posez la question de cette manière, on peut se demander si l'on peut décrire la mort comme les sciences naturelles ? Au moment où le cœur cesse de battre, l'homme devient une pièce de chair et d'os. Il n'a plus de vie. C'est un cadavre. Généralement, l'étudiant en médecine n'entend jamais parler de l'être humain, mais voit surtout des cadavres. Finalement beaucoup de médecins traitent l'homme comme un cadavre vivant. C'est-à-dire qu'ils ne voient pas que c'est un être humain. Aujourd'hui, il existe encore des médecins qui ne croient pas qu'une maladie du corps peut être basée sur des problèmes psychologiques tandis que l'on peut dire que toutes les maladies que l'animal n'a pas ont une cause psychique.

Là il y a un point commun entre deux choses. En effet, il y a des gens qui sont physiquement vivants mais au fond sont morts. Ce sont des cadavres vivants dans un sens extérieur ou dans un sens intérieur.

Il y a des moribonds, dont on dit : « Bon Dieu, s'il pouvait mourir, ce pauvre. » Il respire encore, mais ne peut plus bouger. Et en même temps, il a une peur bleue de la mort. Voilà au fond tout le problème de la mort : quelle attitude devrions-nous avoir vis-à-vis de la mort ? Il faut comprendre la mort un beau jour et dire oui au fait que la mort fait partie de la vie. Personnellement, je suis persuadé que l'homme, au plus tard à 40 ans, doit se dire : la mort est déjà à côté de moi. On pourrait même dire que l'homme commence à mourir dès qu'il est né.

— *Heidegger avait une formule assez brutale pour dire cela : « Dès qu'un homme est né, il est assez vieux pour mourir. »*

— Oui, mais beaucoup de personnes ne veulent pas l'accepter. Il y a quelque chose dans l'inconscient qui dit : « Pas moi ! » Alors on fait tout son possible pour soigner sa santé. On voit uniquement le corps qui doit être en bonne forme. C'est ça qui compte. Mais il y a autre chose. La mort est le thérapeute du vieux. Elle a deux messages :

« Lâche un peu ce que tu fais dans l'existence. Dans la mesure où tu es encore capable de balayer les feuilles mortes dans ton jardin, fais-le, ou de te faire la cuisine, fais-le. Tant qu'il y a encore des choses qui t'amusent et que tu peux encore faire, fais-les. Mais ne place pas le sens de ta vie sur quelque chose d'extérieur, sur une efficacité extérieure, sur un autre savoir-faire. Donne de la place à ton intériorité et permets-toi de mûrir intérieurement. »

Parce que l'homme a en général deux devoirs dans la vie. D'un côté comprendre et construire sa vie extérieure. De l'autre mûrir dans son intériorité. Mais le malheur, c'est que le mot mûrir n'existe pas dans la pédagogie européenne. Il n'y a que l'efficacité, on prépare l'homme afin qu'il puisse « tenir le coup » dans son existence, sans rien savoir de son développement intérieur. C'est là le devoir des thérapeutes et des parents.

Il y a inévitablement un moment où l'homme s'approche de la mort. S'il est mûr, il l'accepte. Mais souvent le médecin ne lui dit pas la vérité. Je connais beaucoup de cas où il s'est produit un grand changement pour l'homme au moment où il a accepté de mourir. Savoir mourir c'est le problème de savoir lâcher, pour toucher une réalité qui est au-delà de ce que nous entendons par les mots « vie » et « mort ». C'est une réalité qui comporte en elle-même la mort de l'homme comme passage sur un autre plan. On peut accepter cela.

La relation vis-à-vis de la mort dépend de la profondeur dans laquelle vous êtes enraciné en vous-même. Si, pour vous, votre corps est la seule réalité et que la maladie remet en question le sens de votre vie, parce qu'elle pourrait vous faire mourir, alors vous êtes un malheureux, abandonné à la peur de la mort. Dans la mesure où vous avez trouvé votre racine profonde, alors celle-ci n'a rien à faire avec la mort qui est dans une réalité divine. Ça ne me gêne pas de me servir de ce mot.

La mort est un passage sur un autre plan. Tous ceux qui ont pu assister un mourant ont pu voir que lorsqu'il meurt mais qu'il n'est pas encore un cadavre, alors l'être profond s'empare de sa chance. La peau du visage est encore souple ; alors, l'être envahit le visage et le transfigure. La personne qui, juste à l'agonie était laide et affreuse à voir, terrible dans ses douleurs, tout à coup se retransforme en jeune homme ou jeune fille après une heure ou deux. On ne peut pas le croire mais c'est vrai. C'est comme si l'être profond avait profité de l'occasion pour se montrer pour la première fois dans la vie de cette personne. Alors apparaît le visage qu'elle avait au fond, mais qui, à cause de soucis et de tout ce qu'elle a éprouvé dans l'existence, elle n'a jamais pu montrer.

— *Vous dites : la mort est le passage sur un autre plan. Que peut-on dire de cet autre plan ?*

— C'est naturellement une sorte de croyance ou de foi. Moi, comme je n'ai pas d'expérience de l'au-delà, je ne peux rien en dire.

Le psychologue Jung, à la fin de sa vie, lorsque son cœur s'est arrêté, était cliniquement mort. On a pu le réanimer. En quittant cette vie, il disait : « How wonderful ! How wonderful ! » Mais lorsqu'il est revenu à lui, il a dit : « Me voilà à nouveau dans cette petite caisse. » Il est arrivé la même chose à ma mère. Elle nous a dit : « Pourquoi suis-je revenue, c'était si beau de l'autre côté. »

Qu'est-ce qui vient après la mort ? Je crois que personne ne saurait le dire exactement. On peut avoir une idée. Moi, par exemple, j'ai l'idée que la vie continue. Que vous devez reprendre le fil de votre développement là où vous l'avez lâché en ce monde. Le travail pour devenir vraiment un représentant du Divin continue.

— *Sans sa forme extérieure...*

— On ne sait pas. Les Chrétiens croient à une résurrection corporelle. Ce qui est curieux, c'est que pour eux c'est un péché grave que de croire qu'il y a plus que cette vie. C'est une hérésie de croire que la vie continue quand on est mort. Tandis qu'en Inde, il y a le karma. L'homme va avoir une autre vie et il devra payer pour le mal qu'il a fait dans cette vie. Ça peut aller très loin. J'ai connu en Inde des hommes qui avaient peur de jouir de quelque chose, parce qu'ils se disaient à chaque instant : si je jouis dans cette vie, je rate l'effort de payer ce que j'ai fait de mal dans une vie précédente. Et je vais encore une fois revenir sur terre et je devrai souffrir encore plus. Tandis que si je souffre dans cette vie, ce sera plus facile dans la prochaine.

Dans la Chine ancienne, les Taoïstes savaient qu'il y a une réalité qui est au-delà de ce que nous appelons la vie et la mort. En ce sens, le Taoïsme n'est pas réservé aux Chinois. Il exprime le fait que tous ceux qui arrivent à faire une expérience mystique, ou initiatique, n'ont plus de doute sur cette réalité que les Chinois appellent le Tao.

— *La mort est en conséquence le lieu même de la foi, quelle que soit son expression religieuse ou non. Si l'on adopte une démarche épicurienne, somme toute pleine de bon sens, elle est ce dont nous ne pouvons pas avoir l'expérience préalable et*

lorsque nous l'avons eue nous ne pouvons plus en parler. C'est donc vis-à-vis de la mort que l'on peut témoigner de la plus grande foi.

— Notre façon d'envisager la mort est une indication sur notre enracinement dans la foi. Pas au sens de la croyance. La croyance est dirigée vers un objet. La foi n'a pas d'objet. C'est simplement l'expérience de quelque chose d'inexprimable, au-delà de tout concept. L'homme qui n'a pas peur de la mort fait effectivement preuve d'une grande foi.

Récemment une amie m'a appelé au téléphone pour me dire que son mari était dans le coma à l'hôpital, en salle de réanimation. Nous appelons ça des « salles d'intensité »... Finalement, son mari a pu être réanimé grâce à des machines « inhumaines »... Mais il y a eu l'histoire d'une femme qui n'avait plus de conscience et dont le cœur battait encore. Le médecin croyait être de son devoir de faire tout son possible pour maintenir la vie, même s'il n'y avait plus de chance que la femme retrouve sa conscience. Alors, qu'est-ce que c'est que ça ? Un homme qui n'a pas de conscience ? De l'autre côté, on ne sait pas si pendant les deux minutes où le mourant va être réanimé, il ne va pas faire une expérience et toucher le Divin.

Là on peut dire que cet effort de faire revivre quelqu'un qui est presque mort a un sens. Un instant de conscience peut lui apporter le fruit de toute une vie, qui sans cet instant ne serait pas arrivée à maturité.

Pouvoir accepter la mort d'une façon consciente, c'est ça qui est l'expression d'une maturité développée. Pour le médecin, le mot mort n'existe pas, c'est l'*exitus*[25]. Pour lui, la mort c'est une chose objective. La lutte contre la mort est une expérience scientifique. Il lui faut appliquer des connaissances issues de la recherche. La médecine comme telle n'est pas une chose humaine.

— *Chercher, mûrir, se laisser toucher, on peut dire qu'il y a du chemin à parcourir sur le chemin. Mais à quoi bon ? Car notre siècle a tellement le goût d'un siècle sans lendemain.*

— Nous sentons qu'il y a une sorte de catastrophe qui s'approche de nous. Quelle qu'elle soit. Dans l'économie, tout craque. Dans la nature aussi. En tout cas, il y aura quelque chose qui se passera. En envisageant ça, il est important d'être relié à une autre Réalité qui soit capable de surmonter la peur de la mort. Il ne s'agit pas de vivre ou de mourir, mais il s'agit de savoir comment mourir.

C'est le grand thème sur le chemin initiatique. Il n'y a pas d'initiation sans mort. Il n'y a pas de progrès sans morts répétées. On ne peut pas devenir autre en restant « le vieux ». On peut être certain que dans la mesure où l'esprit matériel et technique progresse, s'ouvre en même temps dans des milliers de cœurs, cette nostalgie du paradis perdu.

Ils vont en Inde, au Tibet ou au Japon, mais au fond ce qu'ils cherchent c'est ici. C'est très, très loin de notre conscience. La distance extérieure exprime la distance intérieure.

Et, croyez-moi, il y a beaucoup plus de personnes que l'on ne croit qui cherchent. Et on ne doit pas se laisser prendre par les apparences. Une fois, je me souviens, il y avait un dîner à une ambassade. Tout le monde est venu. Les femmes avec leur maquillage et leurs bijoux. C'était le grand poulailler : patati et patata. Et à côté de moi, il y avait une femme qui parlait comme ça : « patati et patata... » à toute allure. Alors à la fin, je lui demande :

« Ecoutez, madame, répétez encore une fois ce que vous venez de me dire. » Elle me regarde un peu étonnée et au lieu de répéter, me dit : « Ecoutez, j'ai une autre question. Je suis en train de lire Aurobindo. Au chapitre untel, il y a telle et telle phrase. Qu'est-ce que ça veut dire ? »

Et voilà que je me trouve devant une femme qui était totalement différente de ce qu'elle paraissait être. Croyez-moi, il y en a beaucoup, beaucoup, que nous rencontrons et qui attendent que quelqu'un frappe à la porte pour enfin pouvoir ouvrir.

Notes

Préface :

1. E. Husserl, *Méditations cartésiennes,* 1re méditation, par. 8, Ed. Vrin, 1969 : « ... cette " mise hors jeu " de toutes les attitudes que nous pouvons prendre vis-à-vis du monde objectif... ou encore, comme on a l'habitude de dire, cette ἐποχή phénoménologique, cette " mise entre parenthèses " du monde objectif ne nous placent pas devant un pur néant... L'ἐποχή est la méthode universelle et radicale par laquelle je me saisis comme moi pur, avec la vie de conscience pure qui m'est propre ».

2. C. G. Jung, *Les racines de la Conscience,* Buchet-Chastel, 1978, chap. 1 : « Des archétypes de l'inconscient collectif ».

3. Spinoza, *L'Ethique,* Gallimard, 1954, IIe partie, proposition 7.

4. J. de Rosnay, *Le Macroscope,* Seuil, 1975.

5. D. T. Suzuki, *Essais sur le Bouddhisme Zen,* Albin Michel, 1972, t. I, p. 26.

Ch. I : « En guise de biographie ».

6. Lao-tseu, *Tao-tö king,* trad. Duivendak, Ed. Maisonneuve, 1975, chap. XI : « On a beau réunir trente rais dans un moyeu, l'utilité de la voiture dépend de ce qui n'y est pas. On a beau mouler l'argile pour faire de la vaisselle, l'utilité de la vaisselle dépend de ce qui n'y est pas. On a beau percer des portes et des fenêtres pour faire une maison, l'utilité de la maison dépend de ce qui n'y est pas. Ainsi tirant avantage de ce qui est, on se sert de ce qui n'y est pas. »

7. Novalis, poète allemand (1772-1801).

8. Johann (dit Maître) Eckhart, dominicain et théologien mystique rhénan (1260-1327). A enseigné la théologie à Strasbourg et été le maître du mouvement mystique rhénan.

9. D. T. Suzuki a enseigné le bouddhisme à l'université, au Japon.

10. *Japan und die Kultur der Stille,* Ed. Otto-Wilhem Barth, Munich, 1975.

11. Martin Heidegger (1889-1977), philosophe allemand préfigurateur de l'Existentialisme, professeur à l'université de Fribourg. A vécu en Forêt-Noire près de Todtmoos, où habite K. Dürckheim.

Ch. II : « Qui décide ? »

12. R. Guénon (1886-1951), *Le règne de la quantité et le signe des temps,* Gallimard.

13. Gabriel Marcel (1889-1973), *Etre et Avoir,* 1935.

14. *Maya :* il s'agit, dans la spiritualité hindoue d'une notion aux multiples significations, issue du caractère relatif et bipolaire du monde (toute chose a un opposé). Maya est l'illusion par laquelle nous donnons une réalité à ce qui n'est qu'apparence. C'est également l'illusion par laquelle le moi croit être un individu.

Ch. III : « Cela me touche »

15. Distinction que l'on retrouve en français avec les termes « croyance » et « foi ».

16. Cf. Essais sur les mystiques orientales, par Daniel Odier et Marc de Smedt.

Ch. IV : Etre dans son corps — enracinement et distance.

17. Ludwig Klages, philosophe et psychologue allemand (1872-1956), l'un des fondateurs de la graphologie et auteur des *Principes de caractérologie.*

18. « *Hara,* centre vital de l'homme », Le Courrier du Livre, 1974.

Ch. V : De l'adulte à l'enfant.

19. La terminaison « logie » vient du grec *logos* signifiant à la fois « parole » et « raison ». La logique est définie comme science des formes de la pensée. Tandis que *sophia* est la sagesse, la science au sens d'un savoir non nécessairement rationnel et doté d'une dimension éthique.

20. Théosophie : Société Théosophique fondée en 1875 aux U.S.A., à partir de laquelle Rudolf Steiner crée en 1913 l'Anthroposophie.

21. Chez Jung, la *persona* est la « façade », le « masque du comédien » qui dissimule le vrai visage que nous ne montrons jamais au monde.

22. Formule célèbre de l'Hindouisme exprimant le fait que l'atman, que l'on peut comparer à l'âme, est Brahman, l'origine et l'essence de l'univers : « Tout ce qui est est Brahman. »

Ch. VI : « Le plâtre commence à tomber ».

23. *Prana* est l'un des souffles vitaux dans l'Hindouisme. Force infinie et omniprésente, elle se manifeste à la fois dans les mouvements physiques et dans les pensées. Tout est manifestation de prana.

Ch. VII : Tout perdre.

24. Jung appelle « processus d'individuation » le cheminement psychologique vers la réalisation de soi, synthèse d'une nouvelle unité à partir des éléments dispersés du moi, mais aussi prise de conscience d'un être préexistant au moi et en ce sens, qui est le « père ».

25. *Exitus* (latin) a à la fois le sens de mort et de sortie, fin et issue, dénouement, conclusion.

Bibliographie

En allemand
Ed. Otto-Wilhem Barth, Munich :

Erlebnis und Wandlung.
Wunderbare Katse.
Ubermeltliches Leben in der Welt.
Der Ruf nach dem Meister.
Japan und die Kultur der Stille.
Im Zeichen der grossen Erfahrung.

Ed. Aurum, Fribourg :
Machtigkeit, Rang und Stufe.

Ed. W. Limpert, Francfort :
Sportliche Leistung — Menschliche Reife.

En français
Ed. Albin Michel

Le Centre de l'être, propos recueillis par Jacques Castermane, 1992, coll. « Spiritualités vivantes / Poche ».
L'Expérience de la transcendance, 1994, coll. « Spiritualités vivantes / Poche ».
L'Homme et sa double origine (1re éd. Cerf, 1977), 1996, coll. « Spiritualités vivantes / Poche ».
Dialogues sur le chemin initiatique, entretiens avec Alphonse Goettmann, 1993.

Chez d'autres éditeurs

Le Zen et nous, Ed. Le Courrier du Livre, 1976.
Hara – Centre vital de l'homme, Ed. Le Courrier du Livre, 1969 ; rééd. 1982.
Exercices initiatiques dans la psychothérapie, Ed. Le Courrier du Livre, 1977.
Le Maître intérieur, Ed. Le Courrier du Livre, 1980.
Méditer, pourquoi et comment, Ed. Le Courrier du Livre, 1978 ; 2e éd. 1982.

Le Japon et la culture du silence, Ed. Le Courrier du Livre, 1986.
Le Son du silence, Ed. du Cerf, 1989.
Le Don de la Grâce, Ed. du Rocher, 1992.
Sous le signe de la grande expérience, Ed. du Rocher, 1995.

Sur Karlfried Dürckheim

Karlfried Graf Dürckheim, Textes et témoignages inédits, Albin Michel, *Question de*, n° 81.
Les Leçons de K.G. Dürckheim, de Jacques Castermane, Ed. du Rocher, 1988 ; 2e éd. 1996.

Table

« *Spiritualités vivantes* »
Collection fondée par Jean Herbert

au format de poche

DERNIERS TITRES PARUS

180. *Etty Hillesum*, de P. LEBEAU.
181. *Bernard de Clairvaux*, de M.-M. DAVY.
182. *Les Maîtres Zen*, de J. BROSSE.
183. *Les Psaumes*, traduits et présentés par P. CALAME et F. LALOU.
184. *La Rencontre du bouddhisme et de l'Occident*, de F. LENOIR.
185. *Moïse, notre contemporain*, de J. BLOT.
186. *Mahomet*, de S. STÉTIÉ.
187. *Le rêve du papillon*, de TCHOUANG TSEU.
188. *Entre source et nuage*, de F. CHENG.
189. *Dietrich Bonhoeffer*, d'A. CORBIC.
190. *La Voie de la perfection*, de B. ELAHI.
191. *La Rose aux treize pétales*, d'A. STEINSALTZ.
192. *Le Vin mystique et autres lieux spirituels de l'islam*, de S. STÉTIÉ.
193. *Comprendre le Tao*, de I. ROBINET.
194. *Le Coran*, de J. BERQUE.
195. *Introduction au Talmud*, d'A. STEINSALTZ.
196. *Épictète et la sagesse stoïcienne*, de J.-J. DUHOT.
197. *La Spiritualité orthodoxe et la Philocalie*, de P. DESEILLE.
198. *Confucius*, de J. LEVI.
199. *Teilhard de Chardin*, d'É. de la HÉRONNIÈRE.
200. *« Moi je ne juge personne ». L'Évangile au-delà de la morale*, de L. BASSET.
201. *L'Évangile de Philippe*, de J.-Y. LELOUP.
202. *Essais sur le bouddhisme zen*, de D. T. SUZUKI.
203. *Le Trésor du zen*, textes de Maître Dôgen commentés par T. DESHIMARU.
204. *La Prière en Islam*, d'E. de VITRAY-MEYEROVITCH.
205. *Cabale et Cabalistes*, de C. MOPSIK.
206. *Jacques, frère de Jésus*, de P.-A. BERNHEIM.
207. *Les Dits du Bouddha. Le Dhammapada.*
208. *À Bible ouverte. Le livre de la Genèse : de la Création à Caïn*, de J. EISENBERG et A. ABÉCASSIS.

209. *L'Enseignement de Mâ Ananda Moyî*, trad. par J. HERBERT.
210. *Tantra Yoga*, trad. et prés. par D. ODIER.
211. *La Joie imprenable*, de L. BASSET.
212. *Jésus, illustre et inconnu*, de J. PRIEUR et G. MORDILLAT.
213. *Enseignements sur l'amour*, de THICH NHAT HANH.
214. *Hillel*, de M. HADAS-LEBEL.
215. *Psychologie du yoga de la Kundalinî*, de C.G. JUNG.
216. *La Nuit privée d'étoiles* suivi de *La Paix monastique*, de T. MERTON.
217. *Rachi de Troyes*, de S. SCHWARZFUCHS.
218. *L'Enseignement de Ramana Maharshi*, trad. E. BRAITENBERG.
219. *Les Quatrains d'Omar Khayyam*, trad. O. ALI-SHAH.
220. *Cent kôans zen*, commentés par N. SENZAKI.
221. *Lévinas, la vie et la trace*, de S. MALKA.
222. *Le Mahâbhârata*, conté selon la tradition orale.
223. *Le Râmâyana*, conté selon la tradition orale.
224. *Résonances bibliques*, de A. DE SOUZENELLE.
225. *Saint François et le sultan*, de G. JEUSSET.
226. *Angèle de Foligno*, de M. CAZENAVE.
227. *Leçons sur la Torah*, de L. ASKÉNAZI.
228. *Les Cathares*, de A. BRENON.
229. *Les Formes du vent. Paysages chinois en prose*, traduits par M. VALLETTE-HÉMERY.
230. *Pacifier l'esprit*, du DALAÏ-LAMA.
231. *La Montagne dans l'océan*, de J.-Y. LELOUP.
232. *Petites étincelles de sagesse juive*, de V. MALKA.
233. *Traité des larmes*, de C. CHALIER.
234. *Changer l'avenir*, de THICH NHAT HANH.
235. *Les Porteurs de lumière*, de N. TAJADOD.
236. *Le Nuage de l'inconnaissance*, commenté par B. DUREL.
237. *Nâgârjuna et la doctrine de la vacuité*, de J.-M. VIVENZA.
238. *ABC d'une sagesse*, de Svâmi PRAJÑÂNPAD.
239. *Les Sermons*, de Maître ECKHART.
240. *Maître Dôgen*, de J. BROSSE.
241. *L'Âme de l'Iran*, collectif.
242. *Cent prières de chartreux*, par N. NABERT.
243. *Comprendre le tantrisme. Les sources hindoues*, d'A. PADOUX.
244. *Tout est conscience. Une voie d'éveil bouddhiste*, de J.-M. VIVENZA.
245. *Le Cercle infini. Méditations sur le Sûtra du cœur*, de B. GLASSMAN.

246. *La Voie du silence, dans la tradition des pères du désert,* de M. LAROCHE.
247. *Shodoka,* traduit et présenté par T. DESHIMARU.
248. *L'Art de la sieste et de la quiétude,* poèmes chinois traduits et présentés par H. COLLET et C. WING FUN.
249. *Le Yi Jing, pratique et interprétation pour la vie quotidienne,* d'A. de BEAUCORPS et D. BONPAIX, PRÉFACÉ PAR C. J.-D Javary
250. *Christian de Chergé, une biographie spirituelle du prieur de Tibhirine*, de C. RAY.
251. *La sagesse extravagante de Nasr Eddin*, de J.-L. MAUNOURY.
252. *Bashô*, maître de haïku, de H. COLLET et C. W. FUN.
253. *Les Gathas*, le livre sublime de Zarathoustra, traduit et présenté par K. K. PARDIS.
254. *Les traités et le poème*, de Maître ECKHART.
255. *Introduction à la prière juive*, d'A. STEINSALTZ et J. EISENBERG.
256. *Moïse dans la tradition soufie*, de F. SKALI.
257. *Cent prières de Cisterciens*, textes réunis et présentés par J.-Y. FYOT.
258. *L'art de vivre du tao*, poèmes chinois produits et présentés par H. COLLET et C. W. FUN.
259. *Introduction à l'esprit des fêtes juives*, de A. STEINSALTZ.

Impression CPI Bussière, septembre 2011
Éditions Albin Michel
22, rue Huyghens, 75014 Paris
www.albin-michel.fr

ISBN 978-2-226-02261-5
ISSN 0755-1835
N° d'édition : 02497/10. – N° d'impression : 112913/1.
Dépôt légal : mars 1985.
Imprimé en France.